Roger Mendes

Marché des capitaux et financement des économies

Degol Mendes

Marché des capitaux et financement des économies

Analyse des marchés des bons et obligations de Trésor de l'UEMOA

Presses Académiques Francophones

Impressum / Mentions légales
Bibliografische Information der Deutschen Nationalbibliothek: Die Deutsche Nationalbibliothek verzeichnet diese Publikation in der Deutschen Nationalbibliografie; detaillierte bibliografische Daten sind im Internet über http://dnb.d-nb.de abrufbar.
Alle in diesem Buch genannten Marken und Produktnamen unterliegen warenzeichen-, marken- oder patentrechtlichem Schutz bzw. sind Warenzeichen oder eingetragene Warenzeichen der jeweiligen Inhaber. Die Wiedergabe von Marken, Produktnamen, Gebrauchsnamen, Handelsnamen, Warenbezeichnungen u.s.w. in diesem Werk berechtigt auch ohne besondere Kennzeichnung nicht zu der Annahme, dass solche Namen im Sinne der Warenzeichen- und Markenschutzgesetzgebung als frei zu betrachten wären und daher von jedermann benutzt werden dürften.

Information bibliographique publiée par la Deutsche Nationalbibliothek: La Deutsche Nationalbibliothek inscrit cette publication à la Deutsche Nationalbibliografie; des données bibliographiques détaillées sont disponibles sur internet à l'adresse http://dnb.d-nb.de.
Toutes marques et noms de produits mentionnés dans ce livre demeurent sous la protection des marques, des marques déposées et des brevets, et sont des marques ou des marques déposées de leurs détenteurs respectifs. L'utilisation des marques, noms de produits, noms communs, noms commerciaux, descriptions de produits, etc, même sans qu'ils soient mentionnés de façon particulière dans ce livre ne signifie en aucune façon que ces noms peuvent être utilisés sans restriction à l'égard de la législation pour la protection des marques et des marques déposées et pourraient donc être utilisés par quiconque.

Coverbild / Photo de couverture: www.ingimage.com

Verlag / Editeur:
Presses Académiques Francophones
ist ein Imprint der / est une marque déposée de
OmniScriptum GmbH & Co. KG
Heinrich-Böcking-Str. 6-8, 66121 Saarbrücken, Deutschland / Allemagne
Email: info@presses-academiques.com

Herstellung: siehe letzte Seite /
Impression: voir la dernière page
ISBN: 978-3-8381-4125-1

MARCHÉ DES CAPITAUX ET FINANCEMENT DES ECONOMIES

Analyse des marchés des bons et obligations de Trésor de l'UEMOA

DEGOL MENDES

1

GRAPHIQUES

TABLEAUX

NOTE DE L'AUTEUR

Dans ce livre, nous publions le résultat du travail de recherche réalisé dans le cadre du Programme de formation des formateurs du Pôle Régional de Formation en Gestion de la Dette (Pôle-Dette), sous l'encadrement du Monsieur Matthew MARTIN, Directeur de *Debt Relief International* (DRI), à qui nous exprimons nos profonds remerciements[1]. Le mémoire sous le titre « MARCHÉ DES CAPITAUX ET LE FINANCEMENT DES ÉCONOMIES : Le cas de l'UEMOA » a été déposé en mai 2010. Toutefois, compte tenu de la cessation des activités du Pôle-dette, la soutenance publique n'a pas eu lieu.

Le Pôle-dette est un des volets du Projet de Renforcement des Capacités en Afrique du Centre et de l'Ouest (BCEAO/BEAC), qui a été conçu par la Banque Centrale des Etats de l'Afrique de l'Ouest et la Banque des Etats de l'Afrique Centrale avec l'appui financier d'un certain nombre de bailleurs de fonds. *Le programme de renforcement des capacités mis en œuvre par le Pôle-Dette visait principalement à aider les pays participants à développer ou à optimiser leurs capacités de gestion de la dette, à travers notamment le renforcement de l'expertise dans la formulation d'une stratégie d'endettement, le traitement et la gestion de la dette intérieure et extérieure[2].*

C'est dans ce cadre que j'ai eu l'honneur de faire partie des 40 économistes de l'Afrique de l'Ouest et du Centre, qui ont participé à la deuxième vague du Programme de Formation des formateurs, dont le séminaire de lancement a été réalisé à Douala du 2 au 13 avril 2007.

Il conviendrait d'indiquer que ce livre décrit la situation telle qu'elle était jusqu'en 2010, c'est-à-dire, avant l'entrée en vigueur, le 1er avril 2010, de la Réforme institutionnelle de l'Union Monétaire Ouest Africaine (UMOA) et de la Banque Centrale des Etats de l'Afrique de l'Ouest (BCEAO). Toutefois, les changements majeurs ont été signalés dans les notes de bas de page.

Abuja, juin 2014

---

[1] Toutefois, les opinions exprimées dans ce livre, ainsi que les insuffisances y inhérentes n'engagent que l'auteur.

[2] Rapport de d'activité Pôle-dette 2007.

REMERCIEMENTS

La réalisation des travaux de recherche aboutissant à ce livre ne serait pas possible sans le concours de plusieurs personnes morales et physiques.

Tout d'abord je voudrais remercier la BCEAO, qui m'a parrainée, notamment mes supérieurs hiérarchiques et collègues à la Direction Nationale de la BCEAO pour la Guinée-Bissau qui n'ont aménagé aucun effort pour m'apporter leur soutien. Je remercie la coopération BCEAO/BEAC qui, dans le cadre du Pôle-dette, m'a permis de renforcer mes capacités dans l'analyse de la dette publique. Je remercie également le DRI pour les commodités, enseignement et encadrement offerts qui m'ont permis de réaliser les travaux de recherche ayant abouti à ce mémoire. Mes remerciements à la Direction Générale du Trésor et de la Comptabilité Publique de la République de la Côte d'Ivoire, pour toutes les commodités et enseignements dispensés pendant mon séjour à Abidjan en novembre 2009. Egalement, je remercie le CREPMF et la BRVM pour l'accueil, l'encadrement et les informations fournies lors de mon séjour à Abidjan en novembre 2009.

D'origine modeste, je suis là où je suis aujourd'hui grâce aux appuis multiformes que j'ai reçu des diverses personnes et Institutions mais également de l'Etat de la Guinée-Bissau. Un grand merci à tous, spécialement François Mendy (Kseth) pour son encouragement et appui tout au longue de mes études, Dione Mendy, João Vaz, Carolina Mendes et Atrice Mendy. Un hommage spécial à ma tante Besny Beurouriabe, qui a reporté son « voyage au Ciel », pour me permettre de réalisé une étape importante dans la préparation du mémoire à l'origine de ce livre.

Un merci à ma petite famille pour la compréhension pour mon absence constante lors de la préparation du mémoire à l'origine de ce livre et à ma famille adoptive à Abuja (Vicente et Inacia) qui m'a donné l'environnement propice à la finalisation de ce projet.

Degol MENDES

A ma famille.

A la mémoire de ma mère (Oroz), ma grande mère (Tiro) et de ma tante (Besny Beurouriabe).

INTRODUCTION

Le présent livre vise à analyser la problématique du financement direct des économies à travers le marché des capitaux. En effet, le bon fonctionnement de ce marché contribue efficacement à la réalisation des objectifs de politiques monétaire et budgétaire, améliore le transfert des risques, permet un financement accru des entreprises et proportionne une meilleure intégration à l'économie mondiale. Dans ce cadre, le marché des capitaux de l'Union Monétaire de l'Afrique de l'Ouest (UEMOA) a servi de cadre de cette analyse.

En effet, depuis sa création en 1962, la problématique du financement a toujours été présente au niveau de l'UMOA[3]. C'est ainsi qu'en 1973, dans le cadre de la réforme institutionnelle, la Banque Ouest Africaine de Développement (BOAD) a été créée pour soutenir les efforts des Etats dans le financement des projets d'investissements, en complément aux concours des banques primaires et de la Banque Centrale. Toutefois, la crise du système bancaire de la décennie 1980 a mis en relief les limites du financement accru de l'économie par la monnaie centrale (à travers l'émission monétaire par la Banque centrale). Ainsi, la création du marché financier régional de l'Union Economique et Monétaire Ouest Africaine (UEMOA) est apparue nécessaire à fin de contribuer à l'augmentation du taux d'épargne et à l'accroissement de l'offre de capitaux à long terme, la diversification des moyens de financement des entreprises et la modification de leur structure financière en vue du renforcement des fonds propres et finalement la réduction des coûts d'intermédiation financière[4]. En outre, le marché des titres publics de l'UEMOA a été mis en place en 1999 pour pourvoir aux Etats les ressources financières pour combler leurs déficits de trésorerie.

Cependant, en dépit de la hausse de la valeurs des émission des titres par Etats sur le marché des capitaux au cours de ces dernières années, passant de 0,3% du PIB en 2001 à 1,7% en 2008, après 2,4% en 2007, le recours à ce mode de financement reste modeste. La progression des activités de ce marché est à mettre en rapport avec la fin des financements monétaires des déficits budgétaires[5]. Le recours systématique des États au marché des capitaux, notamment dans le compartiment obligataire, a permis l'allongement sensible des

---

[3] Les Etats membres de l'UMOA sont : le Bénin, le Burkina Faso, la Côte d'Ivoire, la Guinée-Bissau, le Mali, le Niger, le Sénégal et le Togo.

[4] Allocution de Monsieur le Gouverneur de la BCEAO à l'atelier de lancement du projet de développement du marché financier de l'UEMOA, Lomé, les 3 et 4 juin 2004.

[5] Depuis 2003, la BCEAO ne finance plus les déficits budgétaires des Etats membres.

maturités des titres émis. Cette situation a été favorisée par la stabilité macroéconomique dans la zone UEMOA et la surliquidité des établissements de crédits.

Dans ce contexte, il est envisagé l'évaluation de l'impact de la mobilisation des ressources auprès du marché des capitaux de l'UEMOA sur la satisfaction des besoins de financement de ces économies. Ce marché comporte deux segments :

- Marché financier régional, où sont émis et échangés les titres à moyen et à long termes ;

- Marché monétaire, où sont émis et échangés les titres à court terme contre des liquidités. Il comprend deux compartiments : marché de titres publics de l'UEMOA, où sont émis des titres de dette publique à court terme par les Trésors Publics des pays membres et le marché interbancaire, réservé aux établissements de crédits de l'Union.

La plupart des études abordant la problématique du financement direct des économies se concentrent plutôt au niveau des marchés financiers des pays développés. Au regard de ce manque d'attention envers les marchés financiers des petites économies qui présentent quand même des avantages substantiels pour la politique de développement de ces pays, nous nous sommes proposés d'y apporter une petite contribution

Dans ce livre nous examinons plus spécifiquement dans quelle mesure la mobilisation des ressources sur le marché financier régional a permis d'accroître les investissements publics dans les Etats de l'UEMOA. Egalement, il envisage de montrer dans quelle mesure les ressources provenant du marché des titres publics de l'UEMOA participe de façon effective à une meilleure gestion de la trésorerie des Etats, à travers la non-accumulation des arriérés de paiements.

La question fondamentale est de savoir si le recours au financement offert par le marché des capitaux de l'UEMOA a contribué à la satisfaction des besoins de financement des économies des pays de l'Union, particulièrement ceux des Trésors publics.

Afin d'apporter les éléments de réponse à cette question, les hypothèses ci-après ont été assumées :

- une hausse de l'émission des obligations de Trésor sur le marché financier régional permet d'augmenter les dépenses de l'investissement public;

- une hausse de l'émission des bons de Trésor sur le marché des titres publics de l'UEMOA permet de diminuer les arriérés de paiements.

Ce livre comporte quatre parties. La première partie, relative aux cadres théorique et institutionnel de l'étude, fait une revue de la littérature sur le rôle des marchés des capitaux dans le financement des économies et l'organisation institutionnelle du marché des capitaux de l'UMOA. Dans le premier cas, les théories sur le développement financier et croissance économique, les déterminants du développement financier, les indicateurs du développement financier et le rôle des marchés des capitaux dans la gestion de la dette publique ont été passées en revue. Dans le deuxième cas, le cadre institutionnel de l'étude a été analysé mettant en évidence, dans un premier temps, la genèse et l'évolution du marché des capitaux de l'UMOA avant de faire ressortir les principales caractéristiques de chacun des segments de ce marché, à savoir : marché des titres publics de l'UMOA et le marché financier régional où sont émis respectivement les bons et obligations du Trésor[6].

La deuxième partie du livre est consacrée à l'analyse du marché des capitaux de l'UMOA. Dans ce cadre, une analyse microéconomique des marchés des Bons et Obligations du Trésor a été menée mettant en exergue l'offre, la demande et les équilibres dans chacun des deux segments du marché des capitaux. En outre, le rôle des taux d'intérêt et des réserves excédentaires des banques dans l'établissement des équilibres a été mis en examen.

La troisième partie de l'étude a été axée sur l'analyse macroéconomique de la problématique de la dette publique intérieure, utilisant le cadre analytique élaboré par *Debt Relief International* (DRI). Au regard de l'objectif de cet étude, seule la dette publique émise pour le financement des besoins de la mise en œuvre de la politique budgétaire a été considérée. Ainsi, l'offre[7] des titres est assurée par les Trésors en réponse aux besoins de financements issus de l'analyse du Tableau des Opérations Financières de l'Etat (TOFE) consolidé de l'UEMOA. La demande[8] des titres est exprimée par le secteur financier dans le cadre de la mise en œuvre de leur politique de placement et de gestion de liquidité.

---

6 Dépendant de la nature des besoins à couvrir, l'Etat peut recourir aux Bons de Trésor, aux Obligations de Trésor ou une combinaison des deux. En effet, une gestion prudente et efficace des finances publiques recommande le recours aux bons du Trésor pour couvrir les besoins de financement de trésorerie et les obligations du Trésor, qui sont les titres à moyen et à long terme, pour la couverture des besoins de financement des projets d'investissements publics. A cet égard, les Etats devraient recourir au marché monétaire pour lever les ressources à court terme en échange des bons du Trésor et au marché financier régional pour mobiliser les ressources longues, en échange des Obligations de Trésor.

7 Vu du côté des investisseurs, cette offre représente la demande de ressources financières par les Trésors publics.

8 Symétriquement, elle représente l'offre des ressources financières par le système financier.

PARTIE I

CADRE THEORIQUE ET INSTITUTIONNEL DE L'ETUDE

CHAPITRE I

MARCHE DES CAPITAUX ET FINANCEMENT DES ECONOMIES

1.1. CONCEPT DU MARCHE DES CAPITAUX

Il est reconnu que l'existence d'un marché des capitaux profond et liquide dans un espace économique favorise son développement par sa contribution à la mise en œuvre des politiques monétaire et budgétaire plus efficaces et au financement du secteur privé. Il est composé du marché monétaire et du marché financier.

En général, le marché monétaire est exclusivement réservé aux agents financiers d'un espace économique donné, mettant en relation les banques, la Banque Centrale et le (s) Trésor (s) Public (s). Sa fonction est de permettre aux agents disposant d'excédent de trésorerie de prêter aux agents ayant besoin de liquidités. Il dispose généralement d'un compartiment réservé aux banques, appelé marché interbancaire, et d'un compartiment accessibles au (x) Trésor (s) appelé marché des titres négociables.

Pour sa part, le marché financier représente le lieu de la rencontre entre l'offre et la demande des ressources financières longues sous forme de valeurs mobilières (actions et/ou obligations). Il comprend également deux compartiments : le marché primaire et le marché secondaire. Dans le marché primaire, les titres neufs sont émis par le secteur public ou privé pour le financement des investissements. Si pour le secteur privé, les titres peuvent prendre la forme d'action ou d'obligation, ils ne peuvent que prendre la forme d'obligation pour les Etats. Ainsi, la fonction de ce compartiment est de financer directement l'économie. Au niveau du marché secondaire (Bourse des valeurs mobilières), les titres émis dans le marché primaire sont échangés entre les agents économiques. Un bon fonctionnement de ce marché, évalué par sa liquidité, favorise le dynamisme du marché primaire et, partant, le financement direct de l'économie. Cependant, la liquidité du marché secondaire est fonction du comportement des investisseurs. Ainsi, s'ils achètent les titres pour les détenir jusqu'à l'échéance le dynamisme du marché sera amputé, alors qu'une vente périodique favoriserait des échanges et la dynamisation de ce « marché d'occasion »

Au total, nous pouvons définir le marché des capitaux comme étant le lieu de la rencontre entre l'offre et la demande des ressources financières en échange de titres publics ou privés de court, moyen et long termes, dans un espace économique donné.

1.2. REVUE DE LITTERATURE

La plupart des analyses sur la contribution du marché des capitaux au financement des économies cherche à mettre en relation ce marché et la croissance. Cette approche est tout à fait normale, car le but du financement et de parvenir à une croissance plus élevée de l'économie. L'intérêt des économistes sur la relation entre le financement et le développement remonte à Schumpeter[9] (1911). En effet, au contraire des idées de l'époque, selon lesquelles un investissement doit être financé par une épargne préalable, Schumpeter a défendu que ce dont l'entrepreneur a besoin est d'un pouvoir d'achat pour mettre en place la combinaison des facteurs de production et ce pouvoir d'achat peut être créé *ad hoc* par les banques. Dans ce contexte, les intermédiaires financiers ont un rôle important à jouer, non seulement parce qu'ils créent ce pouvoir d'achat *ex-nihio*, mais également par leur fonction de facilitateur de la rencontre entre l'offre et la demande de financement[10], tout en favorisant la réduction des risques de liquidité et individuel.

En effet, en l'absence du secteur financier, les investisseurs seraient exposés au risque de liquidité, lié à l'incertitude concernant la conversion d'un actif financier en moyen d'échange, notamment dans un contexte d'existence des asymétries d'information ou des coûts de transaction. Ainsi, l'existence d'un secteur financier est important non seulement parce qu'il crée le pouvoir d'achat *ex-nihilo*, dans le sens de Schumpeter, mais également parce qu'il favorise la réduction des imperfections de marché.

L'existence du secteur financier joue également un rôle important dans la minimisation du risque individuel. En effet, individuellement, un investisseur peut préférer financer des projets à faible risque et donc à faible rendement, mais la présence d'un système financier peut l'inciter à financer des projets plus risqués (parce que plus longs) mais également plus rémunérateurs (Saint-Paul (1992), Pagano (1993), cités par Joseph, A et *all.* (1998)).

Par la suite, des études sur le rôle du financement sur la croissance économique se sont succédées et tout récemment une attention particulière est attachée aux contributions des marchés des capitaux à la croissance économique. Une partie des études est consacrée à

---

[9] Costa, A. Da (2006) pour l'analyse de l'œuvre de Schumpeter.

[10] Pour des raisons liées aux problèmes d'information et de transaction, l'inexistence des intermédiaires aurait rendu difficile que les agents économiques excédentaires mettent leurs ressources au profit des agents ayant besoin de liquidité.

l'analyse de la relation entre le développement financier et la croissance économique[11], tandis que l'autre s'est attachée à analyser les conditions qu'un secteur financier doit remplir pour mieux contribuer à la croissance économique.

1.2.1. Développement financier et croissance économique

Parmi les études portant sur le lien entre le développement financier et la croissance économique les résultats sont mitigés. Certaines études ont trouvé un lien positif tandis que les autres ont trouvé une relation négative. Cependant, même quand une relation de causalité est établie, son sens reste une ambigüité. Selon Levine (1996) la liaison positive et forte entre le développement financier et la croissance serait due au fait que le système financier favorise la protection contre le risque, le partage de risque et l'allocation optimale des ressources. En outre, l'existence d'un système financier permettrait un meilleur contrôle des dirigeants de l'entreprise par les actionnaires et rendrait plus aisé la mobilisation de l'épargne domestique et extérieure. De même, la présence d'un système financier suffisamment développé faciliterait l'échange de biens et services.

Dans ce contexte, diverses études (King et Levine, 1993 ; Levine and Zervos, 1998 ; Levine, 2002 et Beck et Levine, 2004) ont mis en évidence des relations positives entre le développement financier et la croissance économique. Ainsi, Levine et Zervos (1998) ont montré que le développement du marché boursier affecte positivement la croissance par l'accumulation de capital et l'amélioration de la productivité. Cette contribution des marchés financiers est faite par le bais de la diversification efficace des risques, la meilleure mobilisation de l'épargne et l'évaluation des projets d'investissements qu'ils proportionnent. En effet, l'affectation optimale des ressources devrait favoriser la hausse de la productivité du capital de même manière qu'une meilleure mobilisation de l'épargne permettrait d'accroître l'investissement, renforçant ainsi les conditions pour une croissance économique forte (Levine et Zervos, 1998).

Allant dans le même sens, la BAD a souligné que *le développement du secteur financier est un élément essentiel du développement économique durable en ce qu'il contribue de façon significative à une meilleure allocation des ressources financières. Parallèlement, un*

---

[11] *Cependant, les causalités ne sont pas à sens unique et l'influence réciproque peut conduire à l'existence de plusieurs états d'équilibre et donc à l'apparition des cercles vertueux de développement ou au contraire de piège de pauvreté (Hugo, 1996).*

accès accru aux services financiers pour les plus pauvres notamment dans les zones rurales contribue à la réduction de la pauvreté[12].

Toutefois, certains auteurs jugent que le rôle du développement financier sur la croissance parait exagéré et s'interrogent même sur la possibilité de l'existence d'un lien de causalité inverse allant dans le sens du développement économique induire le développement financier ; tandis que les autres ont parvenu à des résultats ambigus.

Ainsi, Joseph A. et *all*. (1998), dans une étude sur les pays de l'Afrique au Sud du Sahara, ont conclu que l'approfondissement financier semble avoir joué un rôle dans la croissance réelle d'une grande majorité des pays de l'UEMOA au cours de la période de 1970 à 1995, ainsi que dans le cas du Cameroun entre 1963 et 1995. Selon ces auteurs, même si les tests de causalité de Granger ont fait apparaître des relations entre l'approfondissement financier et la croissance réelle, le sens de ces causalités n'a pas été le même pour tous les pays de l'Union. Ainsi, l'hypothèse selon laquelle le développement du système financier induit le développement réel dans les pays à faible revenu n'a été vérifiée que pour le Bénin, la Côte d'Ivoire, le Mali et le Cameroun. En revanche, la causalité inverse apparaît dans les cas du Burkina Faso, du Sénégal et du Togo. Enfin, dans le cas du Niger, aucune causalité n'a pas pu être mise en évidence. A la suite de ses travaux, KOREM, A. (2005) cherchant à évaluer l'impact de l'approfondissement financier sur la mesure de la croissance économique togolaise à court et long termes de 1965 à 2002, a trouvé une relation positive entre le développement financier et la croissance du PIB réel, mais le sens de causalité entre les différentes variables financières et la mesure de la croissance économique reste mitigé. Ces résultats mettent en évidence les ambigüités des études empiriques sur cette question. A la suite des travaux de Patrick (1966) et compte tenu du niveau de développement de ses pays, il est attendu un lien de causalité direct entre l'approfondissement financier et la croissance économique, car « c'est le développement financier qui induit le développement économique [13]».

---

[12] BAD Initiative des marchés financiers africains de la Banque Africaine du Développement.

[13] Selon Patrick (1966) deux phases sont identifiées dans le processus du développement du secteur financier. Dans la première, qu'elle a appelée de « supply leading », l'approfondissement financier permet, comme chez Schumpeter, le transfert des ressources d'un secteur traditionnel peu productif vers un secteur moderne plus efficace. Transfert nécessairement progressif, eu égard aux risques de faillite des institutions financières qu'il peut provoquer. Une fois cette première étape franchie, le sens de causalité s'inverserait. C'est la phase de « demand following » où le système financier répond de manière passive à la demande de services qui s'adresse à lui.

Les autres études analysant le type de financement ont trouvé qu'un financement centralisé favorise la réalisation des projets d'investissement à long terme. Ainsi, dans un modèle de croissance endogène fondé sur l'innovation, Aimable, B. et Chatelain J.B (1995) ont conclu que le mode de financement par les petits prêteurs, en présence d'asymétrie d'information, conduit à écarter les projets d'innovation de long terme, même lorsqu'ils sont profitables. En revanche, le financement par un système bancaire centralisé caractérisé par la proximité avec l'entrepreneur, favorise la réalisation des projets d'investissement de long terme et, par conséquent, la croissance est plus rapide dans ce dernier système.

Dans cette analyse de l'influence du type de système bancaire sur le financement, Steinher et Huvenneers (1994)[14] ont trouvé que dans un système où les écarts des taux d'intérêts débiteurs et créditeurs sont peu élevés, la croissance économique est plus rapide. Cette situation pourrait s'expliquer par le fait que dans un tel système, l'épargne est encouragée permettant ainsi aux banques de disposer des ressources longues pour financer les projets d'investissement productifs à long terme.

Varoudakis, A et Berthélemy J-C. (1998), ont abouti à un résultat différent, utilisant les données de panel. Selon eux, ce paradoxe est lié aux effets de seuil découlant des équilibres multiples qui empêche la prise en compte adéquate des effets de développement financier sur la croissance par les régressions linéaires.

Même si le sens de causalité entre le développement financier et la croissance économique n'est pas toujours évident, il semble que le secteur financier joue un rôle important dans le financement des économies. Dans ce contexte, la maîtrise des facteurs qui peuvent induire ce développement revêt un caractère primordial.

1.2.2. Déterminant du développement financier

Au regard de l'importance des marchés financiers pour le financement des économies, la maîtrise des facteurs qui peuvent induire ce développement est indispensable. Ainsi, dans une étude récente, Andrianaivo, M et Yartey, C. (2009) ont réalisé une analyse empirique des déterminants du développement du marché financier en Afrique, en mettant l'accent sur les systèmes bancaires et les bourses. Ils ont conclu que le niveau de revenu, la protection des droits des créanciers, la répression financière et le risque politique constituent les principaux déterminants du développement du secteur bancaire en Afrique.

---

[14] Cités par Aimable, B. et Chatelain J.B (1995).

Selon cette étude, le développement du marché boursier est déterminé par sa liquidité, l'épargne intérieure, le développement du secteur bancaire et le risque politique.

Dans la littérature, le rôle de la libéralisation financière dans la promotion du développement financier est souvent évoqué. Cependant, Andrianaivo, M et Yartey, C. (2009) ont trouvé par exemple, que la libéralisation du compte de capital ne favorise le développement du marché financier que dans les pays à revenu élevé ou ceux qui disposent d'institutions bien développées, ou alors ceux qui réunissent ces deux caractéristiques. Les effets significatifs du risque politique sur le développement, aussi bien du secteur bancaire que du marché boursier, indiquent que la minimisation de ce risque favoriserait le développement des marchés financiers africains.

Ainsi, une des raisons à l'origine de l'endettement intérieur par les gouvernements, à part le financement du déficit budgétaire et la mise en œuvre de la politique monétaire, est la promotion du développement du secteur financier. Selon Johnson, A. (2001) le développement et l'approfondissement du secteur financier, requiert l'existence de l'offre constante d'instruments financiers variés qui peuvent être échangés. Normalement, cette démarche débute avec l'offre des bons du Trésor à court terme pour attirer les investisseurs avant de passer aux titres à moyen et long termes des secteurs public et privé.

1.2.3. Indicateurs du développement financier

Nous avons vu déjà que le développement du secteur financier favorise l'expansion économique et que pour y parvenir les Autorités doivent veiller à la réalisation de certaines actions citées précédemment. Mais comment mesurer le développement financier d'un espace économique ?

Selon Chatterji S. (2003), deux types d'indicateurs peuvent être utilisés pour analyser l'état de développement du secteur financier. Le premier type regroupe les indicateurs de l'ampleur de l'intermédiation des fonds et le degré de développement du secteur financier dans l'économie. Ces indicateurs permettent d'analyser l'accumulation des engagements financiers, qui contribuera à son tour à promouvoir l'épargne privée intérieure et l'accumulation des capitaux. Dans ce cadre, sont généralement retenus les indicateurs tels que la masse monétaire (M2) sur le Produit interne brut (PIB), le ratio M2 sur la circulation fiduciaire, les Prêts totaux sur le PIB, les actifs financiers totaux sur le PIB et le Crédit au secteur privé sur le PIB.

Le deuxième type d'indicateurs s'intéresse à la nature de l'intermédiation et à sa contribution au développement. Il s'agit généralement de la part des engagements à court terme dans les engagements totaux, les encours du marché obligataire sur le M2, le ratio prêts sur les dépôts bancaires et la distribution sectorielle des prêts comparé à la contribution sectorielle pour la formation du PIB.

Dans l'analyse du développement du secteur financier, l'aspect lié à la diversification des institutions revêt une importance capitale. Ainsi, plus ce secteur est diversifié, plus l'offre d'options d'épargne et d'investissement est large. La mobilisation et l'affectation des ressources sont plus efficaces, grâce à des opportunités d'épargne et d'investissement concurrentielles, ainsi que des risques moins élevés et plus diversifiés (Chatterji S. (2003).

Aussi, un système financier développé est-il un système qui ne doit pas être incomplet en ce qui concerne les institutions, les marchés et les instruments. Il doit être intégré, efficace, avec des coûts de transaction modestes et des systèmes d'information performant. Autrement, le secteur financier sera défectueux dans la fixation des prix des actifs et du passif, ce qui nécessiterait des réformes profondes accompagnées des programmes de développement (Chatterji S, 2003).

1.2.4. Marché des capitaux et gestion de la dette publique

L'importance du développement du marché des titres publics pour l'exécution de la politique budgétaire peut être appréciée par les avantages qu'il proportionne par rapport aux sources traditionnelles de financement du déficit, notamment la source extérieure et la bancaire. En effet, le recours au marché des titres, au contraire des financements extérieurs, permet à l'Etat de maîtriser l'accès aux ressources (détermination du calendrier, des montants, des échéances), d'échapper aux conditionnalités souvent imposées par les créditeurs ou bailleurs de fonds, tout en lui permettant de renforcer la gouvernance publique, afin de protéger la qualité de sa signature. Comparé au financement bancaire, le financement par le marché a l'avantage de favoriser une transparence plus accrue de l'Etat dans la mesure où les conditions de financement sont publiques et implique la diffusion d'analyses indépendantes sur les finances publiques. De même, le recours au marché permet d'allonger la maturité du financement tout en réduisant les conflits d'intérêt qui pourraient résulter des rapports bilatéraux entre l'Etat et chaque banque prise individuellement. Au total, le recours aux émissions de titres de dette sur le marché intérieur permet une substitution au financement monétaire et une diversification des sources de financement des Etats qui concourt à la stabilité financière (Cabrillac, B. ; Diffo Nigtiopop, G. et Rocher, E., 2008).

Cependant, pour la mise en place d'un marché de titres publics, il est nécessaire de disposer préalablement d'un cadre macroéconomique solide, afin de créer la confiance chez les investisseurs. Selon *FMI (2001), cela passe par la mise en œuvre de politiques budgétaire et monétaire appropriées, conjuguée avec une position de la balance des paiements et un régime de change viables. En outre, pour développer un marché des titres intérieurs, il faut assurer, dès les premières étapes, la réglementation et l'infrastructure du marché des valeurs, ainsi que l'offre et la demande de titres.* Ainsi, dans un premier temps, les Autorités peuvent offrir les Bons de Trésor pour attirer l'intérêt des investisseurs, avant de passer aux instruments à long terme dans une phase postérieure (Johnson, 2001). Ces développements favorisent l'émergence et la croissance du marché des titres privés. En effet, les rendements des titres publics, qui sont généralement les titres moins risqués, servent normalement comme référence pour les émissions des titres privés.

Dans une étude récente sur 93 pays en développement, dont 40 de l'Afrique subsaharienne, Abbas, A. et Christensen, J (2007) ont conclu qu'une dette intérieure modérée (ratio de dette intérieure sur les dépôts bancaires de 35% au plus) accélère fortement la croissance économique. Cependant, le niveau optimal susceptible de maximiser la croissance est tributaire de la qualité de la dette intérieure. Ainsi, défend ses auteurs, la dette intérieure sous forme de titres négociables, assortis d'un taux d'intérêt réel positif et détenus par le secteur non bancaire, favorise plus la croissance économique. Cela peut s'expliquer par le fait que dans ce cas, l'effet d'éviction sur le secteur privé est moindre, compte tenu le fait que le secteur bancaire n'est pas trop impliqué dans le financement public. En outre, l'impact de la dette intérieure sur la croissance est plus important dans un contexte de risque élevé.

S'agissant de l'impact du marché des capitaux sur la gestion de la dette publique, Diffo (2002) a reconnu qu'il pourra, à court terme, renchérir le coût de la dette, dans la mesure où les charges financières associées au financement intérieur sont supérieures à celles liées aux financements extérieurs, qui comportent souvent un important élément dons. De même, le recours aux marchés des capitaux intérieurs expose les pays au risque de marché, lié à l'évolution des taux d'intérêt, et au risque de refinancement. Selon lui, nonobstant ces contraintes, le développement du marché des capitaux intérieurs *devrait permettre de réduire les effets négatifs du financement extérieur sur les économies[15],* dus notamment aux variations des taux de change, aux changements de l'environnement international à la disponibilité et aux conditionnalités associées à ces financements. En outre, les exigences liées aux recours aux marchés des capitaux favorisent une allocation efficiente des ressources et contribuent à terme à la réduction du coût de financement de l'économie par l'impact du développement du marché secondaire.

---

[15] Diffo (2002, p. 34).

CHAPITRE II

CADRE INSTITUTIONNEL DU MARCHE DES CAPITAUX DE L'UEMOA

2.1. UN APERÇU HISTORIQUE DE L'UEMOA

L'Union Monétaire Ouest Africaine (UMOA) a été créée en 1962 et regroupe actuellement huit pays : le Bénin, le Burkina Faso, la Côte d'Ivoire, la Guinée-Bissau[16], le Mali, le Niger, le Sénégal et le Togo. Jusqu'en 1993, l'intégration monétaire au sein de la zone était déconnectée de l'intégration économique. Par conséquent, il coexistait une politique monétaire commune, conduite par la Banque Centrale des Etats de l'Afrique de l'Ouest (BCEAO) et une multiplicité d'autres volets de politique économique notamment budgétaire, gérée par les Etats.

Au regard des effets néfaste que cette situation a induit, notamment l'apparition et persistance des déséquilibres macroéconomiques conduisant à la dévalorisation de leur monnaie commune en 1994, les Autorités de l'UMOA ont décidé de consolider la zone monétaire par le renforcement de l'intégration économique en procédant à la création de l'Union Economique et Monétaire Ouest Africaine (UEMOA).

L'UEMOA, fondée sur les principes de solidarité et d'égalité des Etats membres, est depuis 1994 devenue un espace économique au sein duquel le degré d'intégration monétaire et financière est particulièrement élevé, caractérisé par :

- ✓ la reconnaissance du franc de la Communauté Financière Africaine (FCFA) comme leur unité monétaire dont l'émission est confiée à la BCEAO ;

- ✓ la totale liberté de circulation des capitaux au sein de la zone ;

- ✓ la centralisation et partage des réserves de change, dont une partie est logée au Compte d'opération ouvert au nom de la Banque Centrale au Trésor français en échange de la garantie de convertibilité du franc CFA par la France ;

- ✓ l'uniformité des réglementations monétaire, financière, bancaire et des changes.

Toutefois, certains défis sont à surmonter dans le cadre de l'intégration économique, particulièrement l'intégration commerciale.   En effet, nonobstant l'existence des

---

[16] La Guinée-Bissau a adhéré à l'UEMOA le 2 mai 1997.

instruments et cadres propice à cette intégration, elle demeure faible au regard des caractéristiques structurelles des économies participantes.

2.2. EMERGENCE DU MARCHE DES CAPITAUX DE L'UNION

Le processus de libéralisation financière, amorcé au début des années 1990, avec la crise bancaire, s'est poursuivie aboutissant à la création de la Bourse Régionale de Valeurs Mobilières en 1996, à la mise en place d'un cadre pour l'émission de bons du Trésor en compte courant par la BCEAO en juillet 1996, et à la création du Conseil Régional de l'Epargne Publique et des Marché financiers (CREPMF)

Ces initiatives visent encourager le recours des Etats au marché de capitaux pour le financement de leurs besoins. En outre, la mise en place de ces Institutions fait suite aux constatations que le secteur privé éprouve des difficultés pour lever les ressources longues pour le financement de leur investissement à un coût modéré au niveau du secteur bancaire[17].

S'agissant du secteur public, force est de constater que nonobstant la création du marché des Bons de Trésor depuis 1996, les Etats continuaient à recourir aux avances statutaires de la Banque Centrale[18], dont le montant maximum était plafonné à 20% des recettes fiscales effectivement collectées l'année précédente, avant sa suspension en 2003. Depuis lors, les Etats ont de plus en plus fait recours aux marchés de capitaux pour financer leurs besoins de trésorerie et leurs projets de développement au niveau du marché monétaire et du marché financier régional, respectivement.

Le marché des capitaux de l'UEMOA, permettant la rencontre entre les agents ayant un excédent de ressources financières et les agents ayant des besoins de financement, comprend le marché monétaire de l'UMOA et le marché financier régional.

---

[17] Nonobstant ces efforts, une étude récente, analysant le lien entre le développement financier et la croissance économique dans l'UEMOA a indiqué que les crédits à court terme représentent 70 % des prêts accordés au secteur privé au sein de l'Union. En conséquence, les pays de cette région sont moins aptes à tirer le meilleur profit de l'amélioration de leurs systèmes financiers respectifs, car le financement bancaire à long terme a davantage d'effets sur la croissance que les crédits à court terme (Kpodar, K et Gbenyo, K, 2009).

[18]) Il conviendrait de signaler que les Statuts de la BCEAO entrée en vigueur le 1er avril 2010 interdit formellement le financement monétaire des déficits budgétaire (art 36).

2.3. MARCHE MONETAIRE DE L'UEMOA

Le marché monétaire est le lieu d'échange des titres à court terme contre des liquidités. Il comprend un compartiment exclusivement réservé aux banques –marché interbancaire- et un autre accessible également aux Trésors publics des Etats membres-le marché des titres publics de l'UEMOA

En effet, depuis la réforme du marché monétaire, entrée en vigueur en octobre 1993, le marché interbancaire a été appelé à jouer un rôle central dans le recyclage des liquidités bancaires de l'Union, en vue de réduire davantage la pression sur la monnaie centrale. Afin de favoriser son développement, les opérations de prêts et d'emprunts entre les établissements de crédit d'une même place ou de différentes places de l'Union ont été libéralisées. Depuis le 1er juillet 1996, le rôle du marché interbancaire a été renforcé avec les aménagements apportés à l'organisation et au fonctionnement du marché monétaire, notamment l'institution d'une politique *d'open-market* qui offre à la Banque Centrale les moyens d'intervenir directement sur ce marché pour réguler la liquidité bancaire par des opérations sur titres. Toutefois, ce compartiment du marché monétaire ne sera pas objet de notre analyse, dans la mesure où il ne contribue pas directement au financement des économies. Ainsi, nous allons nous concentrer sur le marché des titres publics de l'UEMOA.

2.3.1. Marché des titres publics de l'UEMOA (MTPU)

Jusqu'au début des années 1990, les besoins de financement des Trésors nationaux des Etats membres de l'Union étaient principalement couverts par le recours aux ressources extérieures ; le financement intérieur apparaissant faible et même négatif. En vue promouvoir le financement des besoins de trésorerie des Etats, par la mobilisation des ressources intérieures et créer les conditions de la mise en œuvre d'une politique monétaire efficace, le marché des bons du Trésor de l'UEMOA a été mis en place dans le cadre des aménagements adoptés en 1996 pour l'approfondissement et la modernisation du marché monétaire régional[19] (Brou, 2008). Nonobstant la création de ce marché depuis 1996, son

---

[19] La création et la promotion d'un cadre réglementaire régissant l'émission des bons du Trésor, ainsi que celle des bons de la Banque Centrale et des titres de créances privés, visaient notamment à permettre l'élargissement du gisement de supports pouvant être utilisés pour la mise en œuvre de la politique d'open-market, conformément à l'option prise par l'Institut d'émission de substituer des mécanismes de marché aux procédures administratives de gestion monétaire (Brou, 2008).

recours par les Etats pour lever les ressources était marginal[20], compte tenu de son exigence en matière de l'assainissement des finances publiques et la possibilité dont les pays disposaient de recourir au financement monétaire direct à concurrence de 20% des recettes fiscales effectivement recouvrées au cours de l'année précédente aux termes de l'article 16 des statuts de la BCEAO.

Au regard du risque sur la gestion monétaire que la hausse des ces concours directs représentait, la mise en place d'un mécanisme innovateur de financement des besoins de Trésorerie des Etats s'avérait nécessaire pour réponde, selon Brou (2008) aux enjeux *de moderniser la gestion de la dette publique, d'offrir aux épargnants et aux investisseurs institutionnels de l'Union des supports de placement diversifiés et de permettre à la politique monétaire de disposer de la flexibilité nécessaire pour une plus grande efficacité dans l'utilisation des instruments de régulation.*

Dans ce cadre, le Conseil des Ministres a adopté en 2001 le Règlement[21] communautaire régissant l'émission de bons du Trésor, conformément aux normes internationales mais adapté aux réalités des économies des Etats membres. *Ce cadre offre aux États un moyen moderne pour lever, dans l'ensemble de l'Union, les ressources internes nécessaires à la couverture de leurs besoins de financement, avec le concours de la BCEAO en sa qualité de conseiller financier des Etats (Brou, 2008).*

Le MTPU se caractérise par la nature des titres émis, les intervenants et l'organisation du marché.

2.3.1.1. *Nature et procédure d'émission des bons du Trésor*

Les bons du Trésor émis sur le MTPU sont des titres dématérialisés, conservés dans les livres de la BCEAO et ayant une durée normalisée, comprise entre 7 jours et deux ans, au choix de l'émetteur[22]. Toutefois, en vue d'assurer une meilleure lisibilité du marché de titre de la dette publique, six maturités ont été retenues pour les bons du Trésor, à savoir: 7

---

[20] Le montant cumulés des émissions des titres de dette intérieure sur le marché des bons de Trésor de l'UMOA au cours de la période de 1996 à 2000 s'est établi à 51,6 milliards de F CFA alors que le concours direct de la BCEAO est passé de 264,7 milliards en 1990 à 296,0 milliards en 1996 et à 361,6 milliards en 1998, soit au moins 5 fois plus importante (Brou, 2008).

21 Règlement N° 06/2001/CM/UEMOA portant sur les bons et obligations du Trésor émis par voie d'adjudication par les Etats membres de l'Union Economique et Monétaire Ouest Africaine (UEMOA).

[22] Dans l'Union la notion de court terme couvre la maturité jusqu'à deux ans. Cependant au niveau international, le court terme couvre la période allant jusqu'à un an.

jours (1semaine), 28 jours (1 mois), 91 jours (3 mois), 182 jours (6 mois), 364 jours (1 an) et 728 jours (2 ans).

A l'émission, les bons du Trésor sont assortis d'une rémunération payable d'avance et précomptées sur leur valeur nominale, sur la base d'un taux d'intérêt exprimé en pourcentage l'an, base trois cent soixante jours, à quatre décimales. Les bons de Trésor sont émis par adjudications[23] aux taux variables par l'intermédiaire de la BCEAO[24] ou à taux fixe par syndication. La fixation de la valeur nominale à 1 million et l'exonération d'impôts sur les intérêts provenant des bons du Trésor vise à favoriser la participation d'un plus grand nombre d'épargnants aux soumissions de ces titres.

2.4. MARCHE FINANCIER REGIONAL (MFR)[25]

Le marché financier régional de l'UEMOA, en tant que lieu d'émission et d'échanges des valeurs mobilières (actions et obligations), a démarré ses activités le 16 septembre 1998 avec comme mission principale renforcer l'intégration des économies des Etats membres et accompagner la politique économique libérale amorcée dans l'Union. Cette nouvelle orientation de la politique économique exigeait de nouveaux mécanismes de régulation de l'économie, notamment le recours aux instruments indirects de gestion de la monnaie et de mobilisation de l'épargne. Dans ce contexte, il a été assigné trois objectifs au MFR:

- relèvement du taux d'épargne, grâce à la diversification des produits financiers susceptibles de créer les conditions pour la mobilisation accrue de l'épargne intérieure et de capitaux extérieurs ;

- renforcement de la structure financière des entreprises qui pourront mobiliser des capitaux à long terme ;

- réduction des coûts d'intermédiation financière par la mise en relation directe des offres et demandes de capitaux.

Ce marché est organisé en deux pôles complémentaires. Un pôle public, constitué du Conseil Régional de l'Epargne Publique et des Marchés Financiers (CREPMF), qui représente l'intérêt général et garantit la sécurité du marché. Un pôle privé, composé de la Bourse Régionale des Valeurs Mobilières (BRVM) et du Dépositaire Central / Banque de

---

23 Il s'agit de l'adjudication à l'hollandaise. Ainsi, les bons du Trésor sont acquis au taux d'intérêt proposé par le souscripteur.
24 Depuis 2013 l'Agence UEMOA titres a remplacé la BCEAO dans ce cadre.
25 Cette section a été rédigée sur la base des informations collectées lors du séjour au CREPMF et à la BRVM en novembre 2009.

Règlement (DC / BR) qui sont statutairement des sociétés privées, mais qui sont investies d'une mission de service public[26].

2.4.1. Conseil Régional de l'Epargne Publique et des Marchés Financiers

Le Conseil Régional de l'Epargne Publique et des Marchés Financiers (CREPMF), est l'organe de l'UEMOA, *chargé d'une part, d'organiser et de contrôler l'appel public à l'épargne et, d'autre part, d'habiliter et de contrôler les intervenants sur le marché financier régional*[27]. Il est ainsi investi d'une mission générale de protection de l'épargne appliquée en valeurs mobilières, produits financiers négociables en bourse et en tout autre placement donnant lieu à une sollicitation de l'épargne de l'UEMOA. A ce titre, il est le seul habilité à réglementer et à autoriser les opérations du marché, à formuler le cas échéant, un veto sur l'introduction des sociétés à la cote de la BRVM et à habiliter et contrôler l'ensemble des structures privées du marché, notamment la BRVM, le DC/BR, les intervenants commerciaux et les Organismes de Placement Collectif en Valeurs Mobilières. Pour la réalisation des objectifs liés à sa mission, le Conseil Régional dispose des pouvoirs réglementaires, de l'enquête et de sanctions (BRVM, 2009).

Le Conseil Régional, en tant qu'autorité de tutelle de la BRVM, DC/BR et des Sociétés de gestion et d'Intermédiation (SGI), veille à l'organisation de l'appel public à l'épargne. A cet égard, son visa est requis pour tout document d'informations élaboré par l'émetteur désirant faire appel public à l'épargne, notamment la note d'informations[28]. Il intervient concomitamment avec la BCEAO[29], qui joue un rôle primordial dans le cadre de l'émission par adjudication des obligations du Trésor, au sein du Comité d'adjudication comprenant trois représentants du Ministère chargé des Finances et trois représentants de la BCEAO.

---

[26] Le pôle privé comprend également les intervenants commerciaux, notamment les Sociétés de Gestion et d'Intermédiation (SGI), les Sociétés de Gestion de Patrimoine (SGP), les Apporteurs d'Affaires, les Sociétés de Conseil en Investissement Boursier et les Démarcheurs.

[27] Article 1er de la Convention portant création du Conseil Régional de l'Epargne Publique et des Marchés Financiers.

[28] La note d'informations vise à assurer la sécurité des épargnants et comprend les éléments ci-après :
- ✓ le nom de l'Etat ou de la collectivité publique responsable de l'émission ;
- ✓ la description des titres offerts et leurs conditions ;
- ✓ la valeur nominale et le prix unitaire de souscription ;
- ✓ le but et la destination des fonds collectés ;
- ✓ le plan de distribution des titres dans le public ;
- ✓ les modalités de rémunération de l'emprunt constatées par ces titres.

29 Agence UEMOA titres depuis 2013.

2.4.2. Bourse Régionale des Valeurs Mobilières (BRVM)

La BRVM constitue une partie du pôle privé du marché financier régional chargé de l'organisation du marché boursier et de la diffusion des informations boursières, à travers notamment l'inscription des titres à la cote de la Bourse, la cotation des valeurs mobilières, la publication des cours et des informations boursières, la promotion et le développement du marché des valeurs mobilières.

Avec le siège à Abidjan, la Bourse Régionale est représentée dans chacun des Etats membres de l'UEMOA par une Antenne Nationale de Bourse, dont les missions consistent à assurer les relations publiques de la Bourse Régionale et du Dépositaire Central/Banque de Règlement avec les tiers sur le plan national, de diffuser les informations du marché, d'assister les Sociétés de Gestion et d'Intermédiation et les autres intervenants du marché et d'organiser la promotion locale du Marché Financier Régional.

La bourse régionale dispose de deux (2) compartiments pour les actions[30] et d'un (1) compartiment pour les obligations[31]. De même, deux marchés sont actifs : le marché primaire et le marché secondaire. Le premier marché étant le marché sur lequel les titres « neufs » sont mis en vente, il a une fonction de financement de l'économie. Dans le marché secondaire (« marché d'occasion »), les titres déjà émis sont échangés, permettant aux détenteurs de titres d'obtenir des liquidités ou de modifier la composition de leur portefeuille.

2.4.3. Dépositaire Central / Banque de Règlement (DC / BR)

Le DC / BR est une Société Anonyme chargée de la Conservation et de la Circulation des valeurs mobilières dématérialisés, jouant le rôle de Banque de Règlement[32.] A cet égard, il assure le dénouement des opérations de la bourse, en organisant pour chaque Société de

---

[30] Le premier compartiment des actions est réservé aux sociétés justifiant d'au moins cinq (5) comptes annuels certifiés, d'une capitalisation boursière de plus de cinq cents millions (500.000.000) francs CFA et d'une part de capital diffusé dans le public d'au moins 20%. Le second compartiment des actions est accessible aux sociétés de taille moyenne présentant une capitalisation boursière d'au moins deux cents millions (200.000.000) francs CFA ainsi que deux (2) années de comptes certifiés, et s'engageant à diffuser au moins 20% de leur capital dans le public dans un délai de deux (2) ans, ou 15% en cas d'introduction par augmentation de capital

[31] Le compartiment obligataire est accessible aux emprunts obligataires dont le nombre total de titres à l'émission est supérieur à vingt-cinq mille (25.000) et le montant nominal de l'émission au moins égal à cinq cents millions (500.000.000) francs CFA.

[32] Tel comme la BRVM, le siège du Dépositaire Central est situé à Abidjan, mais avec une Antenne dans chacun des pays membres.

Gestion et d'Intermédiation (SGI), la compensation valeur par valeur entre les titres achetés et vendus, le règlement des soldes résultant des compensations relatives aux opérations de marché et le paiement des produits (intérêts, dividendes, etc.) attachés à la détention des valeurs mobilières et la mise en œuvre du fonds de garantie du marché, en cas de défaillance d'un intervenant.

2.4.4. Intermédiaires et autres acteurs du marché financier régional

Parmi les intermédiaires du marché financier, les SGI jouent un rôle prépondérant. En effet, elles sont les principales animatrices du marché, disposant de l'exclusivité de la négociation des valeurs mobilières cotées à la Bourse et assurant en grande partie la conservation des titres, pour le compte de leurs clients. Elles sont constituées en sociétés anonymes ayant le statut d'établissement financier.

Les autres intervenants commerciaux sont les Sociétés de Gestion de Patrimoine, les Conseils en Valeurs Mobilières, les Apporteurs d'Affaires, les Démarcheurs (BRVM, 2008).

En pratique, dans le cadre des émissions des titres publics, l'Etat émetteur désigne une SGI chef de file qui le conseillera et interviendra en son nom auprès du Conseil Régional et de la BRVM, gèrera les souscriptions du public et prendra en charge le suivi des procédures d'admission et d'introduction. Les diligences liées à la préparation et à l'émission des emprunts pour le compte de l'Etat sont exécutées par le Trésor et comprennent une étude du projet d'émission permettant la détermination des caractéristiques de l'emprunt. A la suite de ces diligences, un arrêté est produit comprenant la dénomination et les caractéristiques de l'emprunt, les dates d'ouverture et de clôture des souscriptions et les rémunérations de la SGI chef de file et du réseau placeur. La SGI choisie, à l'issue d'appel d'offres sera chargé de soumettre la note d'information et l'arrêté au visa du Conseil Régional, avant le lancement officiel de l'émission.

PARTIE II

ANALYSE DU MARCHE DES CAPITAUX DE L'UEMOA

CHAPITRE III

ANALYSE MICROECONOMIQUE DU MARCHE DES BONS DE TRESOR

En général, l'offre de titres publics sur le marché intérieur est étroitement liée à l'exécution de la politique budgétaire par l'Etat et à la conduite de la politique monétaire par la Banque Centrale. Dans le premier cas, les titres publics sont émis en vue de mobiliser les ressources financières auprès du marché des capitaux pour financer les besoins de trésorerie ou pour réaliser les projets d'investissement publics.

Dans le deuxième cas, les titres sont émis pour réguler la liquidité au niveau du système bancaire, dans le cadre de la conduite de la politique monétaire par la Banque Centrale. Ainsi, l'offre des titres dans ce cadre est déterminée par le niveau des réserves excédentaires du système bancaire et l'orientation de la politique monétaire.

Toutefois, force est de constater que la BCEAO ne fait recours qu'aux titres des Etats dans la mise en œuvre de sa politique monétaire. Ainsi, dans ce livre les titres émis spécifiquement pour la mise en œuvre de la politique monétaire ne seront pas objet d'analyse. Dans ce contexte, l'offre de titres est assurée exclusivement par les Trésors publics des Etats membres qui sont assistés par la Banque Centrale[33], en sa qualité de conseiller et agent financier de l'Etat. Elle assiste ainsi les Trésors nationaux dans la programmation et la diffusion des annonces d'émissions et dans l'organisation matérielle des adjudications[34] (Brou, 2008).

Les bons du Trésor sont des titres à court terme émis par les Etats sur le marché des titres publics de l'UEMOA, qui est un compartiment du marché monétaire de l'Union.

3.1. ANALYSE DE L'OFFRE DES BONS DE TRESOR

L'offre de ces titres sur le marché monétaire est assurée par les Trésors publics des Etats membres de l'UEMOA, en tant qu'émetteurs[35] et la Banque Centrale agissant comme intermédiaire.

---

[33] Depuis 2013, l'Agence UEMOA Titres a remplacé la BCEAO dans les fonctions d'assistante aux Etats membres dans le cadre des émissions des Bons et Obligations du Trésor.

[34] La BCEAO assure également la tenue de comptes-titres ainsi que l'exécution des opérations de règlement/livraison et compensation liées aux transactions sur les bons de Trésor

[35] Les Etats sont les agents économiques à besoin de financement qui offrent les Bons du Trésor sur le MTPU aux agents à capacité de financement (secteurs financier et privé).

Au terme de la réglementation en vigueur[36], le Ministre chargé des Finances est le responsable pour l'élaboration et la mise en œuvre des programmes périodiques d'émission de titres, de la préparation des plans de communication pour la réalisation des émissions et participe au dépouillement des offres reçues et à l'adjudication.

La technique de l'adjudication[37] a été retenue pour la vente des titres, en vue d'assurer la transparence et la concurrence entre tous les demandeurs dans l'ensemble de l'Union, ce qui favorise le développement du marché à l'échelle régionale. Ainsi, chaque Etat est tenu de produire un calendrier trimestriel d'émission afin de « permettre aux investisseurs d'intégrer les futures émissions dans leurs prévisions et de mieux s'organiser pour participer aux adjudications » (Brou, 2008). Aussi, dès l'annonce des caractéristiques de l'émission tous les investisseurs potentiels de l'Union sont avertis, en vue de soumettre leurs demandes de titres.

3.1.1. Evolution de l'offre de titres sur le marché monétaire de l'UEMOA

Sur la période allant de 2001 à 2008, les appels d'offre pour la souscription des bons sur le marché des titres public de l'Union (représentant l'offre de titres) ont atteint le montant global de 1.407,7 milliards de F CFA. Par pays, l'offre des Etats du Sénégal et de la Côte d'Ivoire ont représenté chacun 22,5% du total de l'offre, suivi du Trésor du Burkina Faso (20,8%), du Mali (17,1%), du Niger (8,2%), du Bénin (7,6%), de la Guinée-Bissau (0,8%) et de la République Togolais (0,7%).

Par montant offert, l'année 2007 figure en première position avec 393.100 millions de F CFA, du fait de la mise en vente des titres ivoiriens à hauteur de 225.000 millions de F CFA, soit 57,2% de l'offre globale sur le marché des titres public de l'Union enregistré cette année. Par pays, le Sénégal et le Burkina Faso sont les Etats les plus actifs au niveau du marché, suivis du Mali, de la Côte d'Ivoire du Niger et de la Guinée-Bissau ; le Togo étant le seul Etat à n'avoir réalisé qu'une seule offre jusqu'en 2008.

---

[36] Règlement N° 06/2001/CM/UEMOA portant sur les bons et obligations du Trésor émis par voie d'adjudication par les Etats membres de l'Union Economique et Monétaire Ouest Africaine (UEMOA).

[37] La technique d'adjudication utilisée (adjudication à l'hollandaise) consiste à servir chaque soumissionnaire au taux effectivement proposé et prioritairement les offres les plus avantageuses pour l'émetteur, dans la limite du montant mis en adjudication.

Globalement, les données du Tableau 1 ci-après, montrent une tendance à la hausse des offres de titres sur le MTPU, passant de 53 000 millions en 2001 à 255 000 millions en 2008, soit un taux de croissance moyen annuel de 25,2%.

Tableau 1- Evolution des offres des bons de Trésor par Etat (en millions de F CFA)

	2001	2002	2003	2004	2005	2006	2007	2008	Total
Benin	0	0	0	0	18 000	49 000	0	40 000	**107 000**
Burkina Faso	0	42 500	25 000	40 000	40 000	50 000	40 000	55 000	**292 500**
Côte d'Ivoire	0	0	5 000	15 000	40 000	0	225 000	30 000	**315 000**
Guiné-Bissau	0	0	0	0	6 000	5 000	0	0	**11 000**
Mali	10 000	0	10 000	15 000	102 800	20 000	53 100	30 000	**240 900**
Niger	0	0	0	0	30 000	30 000	25 000	30 000	**115 000**
Sénégal	43 000	0	23 000	45 300	50 000	45 000	50 000	60 000	**316 300**
Togo	0	0	0	0	0	0	0	10 000	**10 000**
Total	**53 000**	**42 500**	**63 000**	**115 300**	**286 800**	**199 000**	**393 100**	**255 000**	**1 407 700**

Source : BCEAO

Par rapport aux besoins de financement effectivement enregistrés dans le tableau consolidé des opérations financières des Etats membres de l'UEMOA, l'offre sur le marché des bons de Trésor a représenté, en moyenne, 30,3% des besoins de financement effectivement exprimés sur la période 2001-2008 avec un minimum de 9,7% en 2002 et un maximum de 61,0% en 2007. En termes des recettes fiscales, les offres de bons de Trésor ont varié entre un minimum de 1,3% en 2002 à 9,1% en 2007 avec une moyenne de 4,5% sur la période sous revue. Ces données montrent l'important rôle que cette source de financement joue dans la satisfaction des besoins de trésorerie de l'Etat.

3.1.2. Maturité des bons de Trésor

Sur la base des données disponibles relatives aux appels d'offres sur le marché des titres publics de l'Union de 2001 à 2008, la maturité de 6 mois est clairement la plus préférée par les Etats membres de l'Union comme le montre le tableau ci-après.

Tableau 2- Distribution de l'offre des bons de Trésor par maturité (millions F CFA)

	3 mois	6 mois	12 mois	24 mois	Total
Benin		67 000	40 000		**107 000**
Burkina Faso	82 500	210 000			**292 500**
Côte d'Ivoire	20 000	70 000		225 000	**315 000**
Guinée-Bissau	6 000	5 000			**11 000**
Mali	70 000	160 900		10 000	**240 900**
Niger	10 000	105 000			**115 000**
Sénégal		20 000	256 300	40 000	**316 300**
Togo	10 000				**10 000**
Total	**198 500**	**637 900**	**296 300**	**275 000**	**1 407 700**

Source : BCEAO

Ainsi, des 56 offres effectuées, 36 émissions (64,3%) ont porté sur la maturité de 6 mois pour une valeur de 637.900 millions de F CFA soit 45,3% du montant global offert. Il suit l'échéance de 3 mois avec 14 offres (25%) sollicitant un montant de 198 500 millions de FCFA, soit 14,1% de l'offre globale sur la période sous revue. Finalement, trois (3) offres ont concerné les maturités de 12 et 24 mois, portant sur des valeurs de 296.300 millions et 275.000 millions de F CFA, respectivement.

3.2. ANALYSE DE LA DEMANDE DES BONS DU TRESOR

Une des parties importantes dans l'analyse de la dette est sans doute celle relative aux agents économiques excédentaires. Cependant, au regard de la réglementation en vigueur dans la Zone UEMOA[38], seule une partie de ces agents ont l'accès direct au marché primaire des titres publics de l'Union, qui est un compartiment du marché monétaire. Aussi, seule les banques et établissements financiers établis dans l'UEMOA ainsi que les institutions régionales disposant d'un compte dans les livres de la BCEAO peuvent-elles intervenir directement sur ce compartiment. Toutefois, les autres agents économiques résidents ou étrangers peuvent souscrire aux Bons de Trésor à travers les banques de l'Union. Ainsi, les demandeurs de titres publics sont les banques[39] pour leur compte ou celui de leur clientèle, ainsi que les organismes disposant d'un compte courant dans les livres de la Banque Centrale, que nous appellerons ici « investisseurs »[40].

3.2.1. Evolution de la demande des bons de Trésor sur le marché des titres publics de l'UEMOA

Le montant cumulé de la demande exprimée par les investisseurs au cours de la période de 2001 à 2008 s'est établie à 1.905,0 milliards de F CFA. L'analyse par année fait ressortir que la demande des bons de Trésor la plus importante a été enregistrée en 2007 avec un

---

[38] La nouvelle réglementation (Règlement N° 06/2013/CM/UEMOA du 28/06/2013 autorise les Société de Gestion et d'Intermédiation à soumissionner au marché primaire des Bons de Trésor.

[39] Les banques peuvent également intervenir comme teneurs de comptes, après l'agrément accordé par la Banque Centrale, pour assurer l'ouverture et la tenue de comptes-titres, dans leurs livres, pour leur propre compte ou pour le compte de leurs clients.

[40] « Dans la phase de maturité du marché, il est prévu la mise en place d'un système de Spécialistes en Valeurs du Trésor (SVT), qui serait constitué d'investisseurs institutionnels crédibles s'engageant à participer régulièrement aux émissions, à assurer la liquidité des titres sur le marché secondaire et à fournir une appréciation sur la stratégie d'emprunt des Trésors nationaux » (Brou, 2008).

montant de 376,3 milliards de F CFA et la moins importante en 2001 avec 55,4 milliards de F CFA.

Tableau 3. Evolution de la demande des bons de Trésor (millions F CFA)

	2001	2002	2003	2004	2005	2006	2007	2008	Total
Benin	-	-	-	-	53.050	61.250	-	40.500	**154.800**
Burkina Faso	-	115.050	61.000	64.192	55.900	68.500	60.690	74.170	**499.502**
Côte d'Ivoire	-	-	20.450	21.150	58.440	-	135.757	59.166	**294.963**
Guiné-Bissau	-	-	-	-	7.100	6.740	-	-	**13.840**
Mali	12.000	-	42.750	46.000	97.900	44.650	69.250	39.300	**351.850**
Niger	-	-	-	-	39.000	23.340	40.940	37.010	**140.290**
Sénégal	43.400	-	63.280	58.100	57.200	50.775	69.700	80.800	**423.255**
Togo	-	-	-	-	-	-	-	26.500	**26.500**
Demande des	**55.400**	**115.050**	**187.480**	**189.442**	**368.590**	**255.255**	**376.337**	**357.446**	**1.905.000**

Source:BCEAO

Afin d'apprécier la capacité d'intervention des banques, en tant qu'une catégorie importante du côté de la demande de ces titres, ses réserves excédentaires moyennes trimestrielles ont été mises en comparaison avec les offres de soumission enregistrées sur la période de 2004 à 2008. L'analyse de ces données montre que tout au long de cette période, les réserves excédentaires moyennes trimestrielles ont été au-dessus des montants des demandes exprimées par les investisseurs à l'exception du 2ème trimestre 2008 (voir le graphique ci-après).

Graphique 1. Evolution des réserves excédentaires et de la demande des bons de Trésor

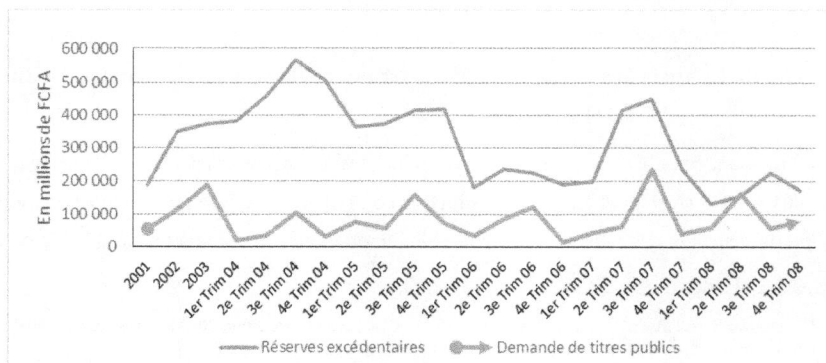

Source : Auteur sur la base des données de la BCEAO

Ces données confirment la surliquidité du système bancaire de l'Union qui a favorisé l'abondance de la demande des bons de Trésor sur le MTPU.

Les données disponibles ne nous permettent pas de décomposer la demande par catégorie d'investisseur, qui nous permettrait de statuer sur le degré de concentration des investisseurs[41] sur le marché des titres publics de l'Union. En fait, dans le cadre de la gestion prudente de la dette, une diversification de la clientèle d'investisseurs est souhaitable, car elle favorise la réduction du coût de la dette publique et du risque d'éviction sur le financement au secteur privé[42]. A ce jour, la participation des investisseurs étrangers sur le marché des Bons du Trésor reste modeste, nonobstant l'ouverture assez satisfaisante du compte capital en la matière et de la réglementation relative aux émissions de bons du Trésor dans la zone[43] .

3.3.   ANALYSE DE L'EQUILIBRE SUR LE MARCHE DES TITRES PUBLICS DE L'UEMOA

Comme dans tous les marchés, le prix joue un rôle prépondérant dans l'établissement de l'équilibre entre l'offre et la demande. Ainsi, après avoir analysé l'offre et la demande des titres, nous allons maintenant les réunir et en déduire l'équilibre. Le prix des ressources financières sur le marché des titres publics est le taux d'intérêt. Dans le cadre de cette analyse, le taux d'intérêt marginal sera privilégié dans la mesure où il représente le coût marginal de l'obtention d'une unité monétaire additionnelle sur le marché. En plus, c'est le taux de pénalité en cas de défaut de paiement par l'Etat émetteur.

3.3.1. Les taux d'intérêt ont-t-ils joué leur rôle ?

Le tableau ci-après compare l'évolution des taux d'intérêt marginaux moyens pondérés par les montants de soumissions aux appels d'offres des bons du Trésor par les banques relatives aux maturités de 3, 6, 12 et 24 mois, avec la moyenne annuelle des taux moyens mensuel du marché monétaire (TMMM) et la moyenne du taux de pension. Celui-ci est un

---

41   Cependant, il apparaît que le secteur bancaire est de loin le principal détenteur de la dette intérieure émise sous forme de Bons de Trésor sur le Marché des titres publics de l'Union. Les institutions financières régionales ont également pris part dans la souscription des Bons de Trésor, notamment la BOAD.

42   Comme l'a souligné Christensen, J. (2005) *une concentration de la demande dans un nombre restreint des investisseurs, constituée principalement de banques commerciales accroît le risque d'éviction sur l'investissement privé.*

[43] « La constitution d'investissements étrangers dans un Etat membre de L'UEMOA et la cession d'investissements entre non-résidents dans cet Etat sont libres. Ces opérations font l'objet de déclaration à des fins statistiques, à la Direction chargée des Finances Extérieures, lorsqu'il s'agit d'investissements directs » (Article 10, c) du Règlement R09/1999/CM/UEMOA du 20 décembre relatif aux relations financières extérieures des pays membres de l'UEMOA, maintenu inchangé après le remplacement de ce texte par Règlement R09/2010/CM/UEMOA du 1er octobre.

des taux directeurs de la BCEAO, c'est-à-dire le taux auquel la liquidité est cédée aux autres établissements de crédit en cas de besoins.

Tableau 4. Evolution des taux d'intérêt (2001-2008)

Taux d'intérêt	2001	2002	2003	2004	2005	2006	2007	2008
Bons de Trésor à 3 mois		4,1%	3,69%	3,35%	4,3%	5,4%	6,4%	6,6%
Bons de Trésor à 6 mois		3,92%	3,6%	2,9%	3,9%	5,1%	5,7%	6,5%
Bons de Trésor à 12 mois	6,43%		3,32%	3,16%	4,00%		6,00%	
Bons de Trésor à 24 mois	7,75%						6,50%	
TMMM	4,96%	4,96%	4,96%	4,96%	4,96%	4,96%	3,97%	4,11%
Taux de pension	6,00%	6,00%	5,67%	4,00%	5,33%	4,00%	4,25%	4,55%

Source : Auteur sur la base des données de la BCEAO

L'analyse du tableau ci-dessus montre que la tendance baissière des taux d'intérêt, amorcée depuis 2003 s'est inversée en 2005. Cette situation s'explique par le concours de divers facteurs, notamment le relèvement des taux directeurs de la Banque Centrale, la hausse de l'inflation et la pression de la demande des ressources par les Etats.

En effet, la BCEAO avait relevé ses taux directeurs, le taux de pension se fixant à 5,3% en moyenne en 2005 contre 4,0% un an plus tôt, pour lutter contre les pressions inflationnistes qui ont amené l'inflation moyenne annuelle à 4,4% en 2005 contre 0,5% en 2004, conformément au graphique ci-après. Le niveau particulièrement élevé de l'inflation en 2008 est imputable en partie aux effets de la crise financière international enregistré au cours de cette période.

Graphique 2. Evolution des taux d'intérêt marginaux et de l'inflation

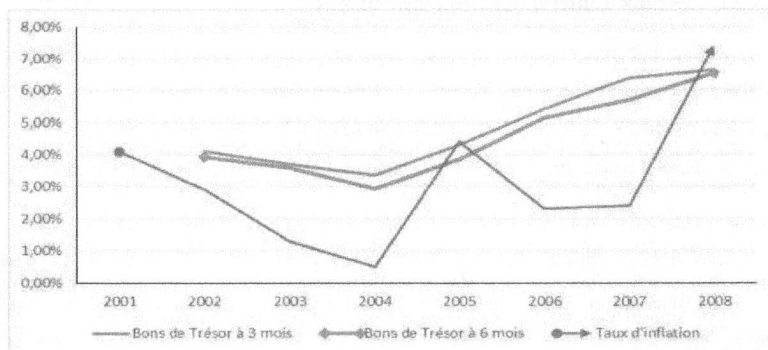

Auteur sur la base des données de la BCEAO

En outre, le recours massif au marché des bons du Trésor par les Etats en 2005 a contribué à la réduction de la liquidité qui, accompagnée de la hausse des coefficients des réserves obligatoires ont entraîné la hausse des prix (taux d'intérêt) exigés par les investisseurs pour détenir ces titres au cours de cette année.

L'analyse de l'évolution des taux d'intérêt des bons de Trésor depuis 2005, suggère l'existence d'un phénomène d'hystérèse dans le comportement des investisseurs, car les hausses enregistrées à l'issue des relèvements des taux directeurs où de la pression de la demande des ressources paraissent irréversibles. En principe, les taux des adjudications peuvent effectivement augmenter à l'issue d'un choc sur la demande ou l'offre des ressources ou en réaction à une mesure de politique monétaire restrictive. Cependant, ils doivent retourner à la normale dès que les facteurs qui ont été à leur origine retournent à la situation normale. Toutefois, dans le cadre de ce marché, les effets haussiers sur les taux d'intérêts ont été permanents. Ainsi, il est important de renforcer la coordination des interventions des Etats sur le marché, afin d'éviter l'accroissement du coût de mobilisation des ressources dans l'avenir.

En outre, la hausse permanente des taux d'intérêts suggère que les investisseurs, face aux importantes sollicitations, ont jugé que le risque est élevé. Ainsi, pour le même montant ils ont exigé plus de rémunération pour accepter d'assumer le risque, ce qui parait un comportement irrationnel.

3.3.2. Le marché est-t-il irrationnel ?

L'analyse des données disponibles fait ressortir que jusqu'en 2005, les taux d'intérêt marginaux résultant des adjudications des bons de Trésor sur les maturités de 3 et 6 mois ont été inférieurs au taux de pension de la Banque Centrale et aux taux moyens mensuels du marché monétaire[44] (voir le graphique ci-après). De même, les taux d'intérêt moyens des bons de Trésor à trois mois ont été supérieurs à ceux de la maturité de six mois ; les taux d'intérêt des bons de Trésor de maturité de 12 mois se situant dans le corridor entre les deux maturités précédentes. La maturité de deux ans, dont le taux est plus élevé, reflétant correctement la perception du risque, est la moins préférée. L'ensemble de ces comportements soulève la question de rationalité de ce marché.

---

[44] Depuis le 7 janvier 2002, les opérations d'injection de la liquidité ont été suspendues jusqu'en février 2007. Ainsi, le dernier taux observé depuis cette date a été successivement reconduit jusqu'à la reprise des interventions sur le marché monétaire.

En théorie, les taux d'intérêt pratiqués par les banques primaires ne doivent pas être inférieurs aux taux directeurs de la Banque Centrale. Un tel comportement est jugé, à *priori*, comme étant irrationnel, dans la mesure où les banques ont consenti des crédits aux Etats à des taux inférieurs à celui (taux de pension) auquel la BCEAO était disposée à les refinancer, en cas de besoin de liquidité, ce qui les amèneraient à réaliser des pertes nettes.

Graphique 3. Evolution des taux d'intérêt

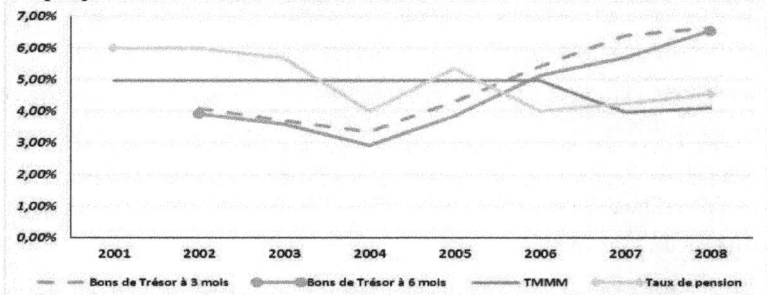

Source : Auteur sur la base des données de la BCEAO

Cependant, au regard de l'abondance de la liquidité bancaire, ce comportement parait rationnel, dans la mesure où l'arbitrage est fait entre les taux proposés aux Etats et le taux nul de la rémunération des réserves bancaires par la Banque Centrale. L'arbitrage n'est donc pas fait entre les taux proposés aux Etats et les taux de refinancement de l'Institut d'émission, car ayant l'excès de liquidité les banques n'auront probablement pas besoin de se refinancer auprès de la Banque centrale.

De même, ce comportement est enregistré au niveau des maturités. En moyenne sur la période, les taux d'intérêt des bons de Trésor à trois mois ont été systématiquement supérieurs à ceux des bons de Trésor à six mois. Cela pourrait s'expliquer par l'anticipation des baisses des taux d'intérêt, donc une structure décroissante de la courbe des taux d'intérêt. Toutefois, si c'était le cas, les taux d'intérêt de la maturité de 12 mois seraient inférieurs à ceux de six mois. En fait, les taux d'intérêt moyens des bons de Trésor de la maturité de 12 ont été supérieurs à ceux de la maturité de 6 mois en 0,2 point, 0,1 point et 0,3 point de pourcentage en 2004, 2005 et 2007, respectivement. Alors qu'est-ce qui expliquerait cette structure des taux d'intérêt?

Il semblerait que ce comportement est motivé par le fait qu'il est préférable d'effectuer l'application des ressources excédentaires à un taux bas que de les conserver à un taux nul à la Banque Centrale. De même, les banques sont disposées à placer leur excès de liquidité dès qu'elles obtiennent une rémunération, la plus petite qu'elle soit, pendant la plus long période possible. Ainsi, elles sont disposées à offrir des taux moins élevés aux applications à six qu'à trois mois, afin de minimiser le risque de ré-application. Cependant, pour la maturité à partir de 12 mois, elles exigent une prime de risque, dans la mesure où elles sortent de leurs maturités de préférence. C'est donc l'ajout de prime de risque qui expliquerait le fait que les taux d'intérêt à partir de 12 mois soient plus élevés que ceux à 6 mois.

3.3.3. Les réserves excédentaires des banques ont-elles joué un rôle?

Depuis 2006, les taux d'intérêt proposés par les banques dans le cadre des appels d'offres se sont relevés, se fixant au-dessus du taux de pension. Cette inversion de la tendance observée jusqu'en 2006, est due au recul des réserves excédentaires des banques à la suite des importantes ressources levées sur le marché des titres par les Etats en 2005. Dans ce contexte de relative rareté des ressources, où les réserves excédentaires moyennes sont passés de 392,0 milliards de F CFA en 2005 à 207, 5 millions de F CFA en 2006, soit une baisse de 47,1%, le prix a bien joué son rôle. Cela montre que le comportement des banques a toujours été rationnel.

Le graphique ci-après retrace l'évolution de la répartition des réserves excédentaires des banques entre le montant utilisé dans les soumissions aux appels d'offre des bons de Trésor et celui restant disponible dans leur compte à la Banque Centrale.

Graphique 4. Evolution des réserves excédentaires et demandes des titres publics

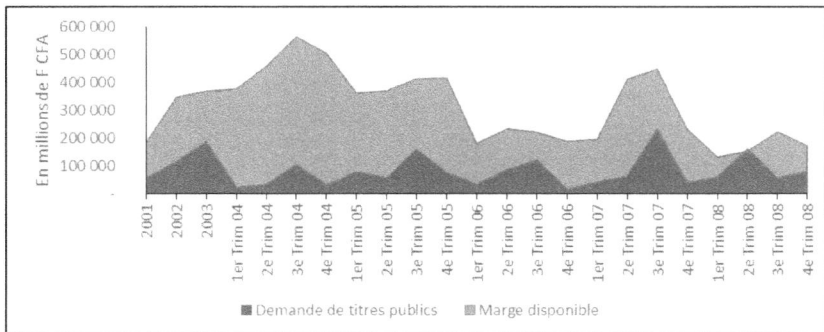

Source : Auteur sur la base des données de la BCEAO

Il en ressort que tout au long de la période de 2001 à 2008, les banques ont disposé des marges de financement importantes (donné par la surface en verte dans le graphique). La variation des réserves excédentaires a joué un rôle important dans le comportement des banques. En effet, la demande des bons de Trésor a enregistré un recul en 2006, à la suite de la mobilisation d'importantes ressources financières sur le marché des titres publics par les Etats en 2005 et du relèvement des coefficients de réserve obligatoires intervenues le 16 juin 2005[45] pour certains pays de l'Union.

3.3.4. Un niveau d'absorption élevé

L'analyse du Tableau 5 fait ressortir que les Etats ont retenu un montant souvent plus important que celui de l'offre initiale. Ainsi, sur les 56 émissions réalisées, seulement dans 3 cas (5,4% des émissions), l'émetteur a pris un montant inférieur à celui qu'il a mis en adjudication et pour lequel il a obtenu une demande effective.

Tableau 5. Evolution de la performance du marché des titres publics de l'UEMOA

Période	Offre de titres Montant d'appel d'offre (a)	Demande de titres Montant de souscriptions (b)	Montant retenu (c)	Excédant de la demande Sursouscription (> 100) d=(b/a)	Montant retenu sur l'offre e=(c/a)
2001	53 000	55 400	54 900	104,5%	103,6%
2002	42 500	115 050	51 850	270,7%	122,0%
2003	63 000	187 480	85 375	297,6%	135,5%
1er Trim 04	15 000	21 150	15 700	141,0%	104,7%
2e Trim 04	15 000	33 500	16 500	223,3%	110,0%
3e Trim 04	60 300	104 100	66 300	172,6%	110,0%
4e Trim 04	25 000	30 692	25 000	122,8%	100,0%
1er Trim 05	55 000	78 040	62 090	141,9%	112,9%
2e Trim 05	40 000	56 600	40 500	141,5%	101,3%
3e Trim 05	113 000	159 550	100 150	141,2%	88,6%
4e Trim 05	78 800	74 400	67 800	94,4%	86,0%
1er Trim 06	50 000	33 750	33 250	67,5%	66,5%
2e Trim 06	45 000	85 350	46 325	189,7%	102,9%
3e Trim 06	89 000	121 115	103 415	136,1%	116,2%
4e Trim 06	15 000	15 040	15 040	100,3%	100,3%
1er Trim 07	28 100	41 450	28 100	147,5%	100,0%
2e Trim 07	30 000	62 555	41 515	208,5%	138,4%
3e Trim 07	300 000	233 257	225 657	77,8%	75,2%
4e Trim 07	35 000	39 075	35 335	111,6%	101,0%
1er Trim 08	50 000	59 500	50 500	119,0%	101,0%
2e Trim 08	130 000	162 076	159 666	124,7%	122,8%
3e Trim 08	30 000	55 930	50 970	186,4%	169,9%
4e Trim 08	45 000	79 940	37 800	177,6%	84,0%
Total	**1 407 700**	**1 905 000**	**1 413 738**	**135,3%**	**100,4%**

Source : BCEAO

---

[45] A cette date, le Coefficient des réserves est passé de 13% à 15% au Benin, de 3% à 7% au Burkina Faso et de 5% à 9% au Sénégal.

Cette situation s'explique par le fait que ces demandes aient été associées aux taux d'intérêt jugés élevés par l'Etat.

Le fait de retenir toute l'offre des ressources exprimée (taux d'absorption supérieur à 100%) peut s'expliquer notamment pour deux raisons :

- ✓ soit l'Etat avait un besoin plus important, mais craignant que le marché ne réagira pas favorablement, il a donc mis l'offre à un niveau relativement bas ;

- ✓ soit l'Etat n'avait pas suffisamment planifié l'émission et face aux ressources disponibles, il les mobilise pour après réfléchir sur comment les utiliser.

Dans le premier cas, il s'agit d'annoncer un montant en dessous du montant souhaité pour éviter que la sous souscription (insuffisance de la demande) soit aperçu par le marché comme un échec et faire de sorte que la sursouscription soit vue par le marché comme un succès. En fait, en cas de sursouscription[46] par les banques, l'Etat a la possibilité de réduire le coût d'émission retenant les demandes de titres associées aux taux les plus bas. Cela pourra également avoir un effet psychologique dans les émissions postérieures, amenant les banques qui n'ont pas été retenues à baisser leur taux lors des émissions suivantes réalisées par cet Etat, afin d'augmenter leurs chances d'être retenues.

Dans le deuxième cas, l'Etat peut ne pas avoir suffisamment planifié ses besoins de trésorerie, profitant de sursouscriptions pour mobiliser plus des ressources. Comme l'a remarqué Gnamien (2005), cette situation *est porteuse de risque de mauvaise gestion de la dette publique et des dépenses publiques,* car la disponibilité des ressources d'emprunt non programmées pourront amener l'Etat à exécuter les dépenses également non prévues ou incohérentes avec sa capacité de remboursement.

3.3.5. Equilibre entre l'offre et la demande des titres publics

C'est dans ce contexte de surliquidité des banques que les équilibres se sont établis depuis 2001 où l'offre a toujours été supérieure à la demande à l'exception du 4ème trimestre 2005, 1er trimestre 2006 et 3ème Trimestre 2007. Ces périodes sont celles au cours desquelles les taux de souscription (demande des titres) ont été respectivement de 94,4%, 67,5% et 77,8% des montants mis en adjudications (offres des titres). Le taux de souscription le plus bas (67,5%) a été enregistré au 1er trimestre 2006 à la suite de la baisse

---

[46] Dans ce cas, le montant demandé par les investisseurs est supérieur au montant offert par le Trésor.

des réserves excédentaires, en liaison avec le montant élevé des ressources mobilisées en 2005 et la hausse des coefficients de réserves obligatoires dans certains pays comme indiqué précédemment.

Graphique 5. Evolution des taux de sursouscription

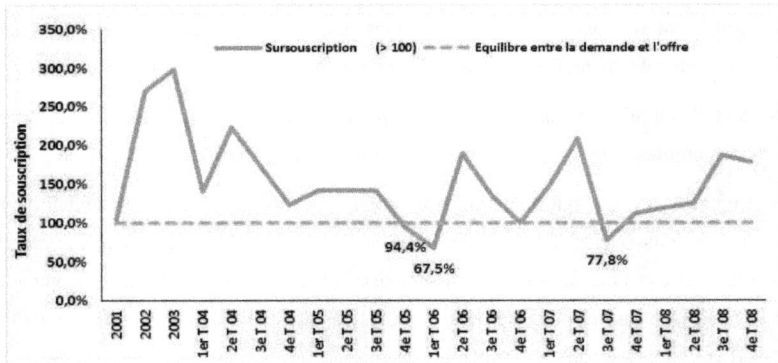

Source : Auteur sur la base des données de la BCEAO

S'agissant du deuxième taux de souscription le plus bas (77,8%) enregistré au 3ème trimestre de 2007, il pourrait s'expliquer par la prudence des banques face à l'appel de fonds très important d'un Etat, qui en une seule opération voulait lever 225,0 milliards de F CFA, soit 75% de l'offre totale de l'année sur le marché des titres publics de l'Union, sur une période de 2 ans.

Globalement, le taux moyen de souscription s'est établi à 135,4% de l'offre, indiquant l'existence d'une importante demande pour les bons de Trésor. Cette préférence des investisseurs pour les titres publics est, en quelque sorte le reflet des lacunes constatées au niveau du marché des prêts bancaires au secteur privé.

En effet, les faiblesses institutionnelles ne favorisent pas l'accroissement des prêts au secteur privé, du fait de l'insuffisance des capacités d'étude et de suivi des prêts[47], du manque d'informations fiables sur la solvabilité des emprunteurs et de la faiblesse des cadres juridictionnels et réglementaires dans les pays de l'Union[48]. Dans ce contexte, les banques se plaignent de l'insuffisance des projets bancables dans l'Union pour absorber ses réserves excédentaires, tandis que le secteur privé les accuse de ne pas vouloir prendre assez de risque dans le financement des projets à long terme.

---

[47] Le taux de dégradation de portefeuille établi à 18,3% dans l'ensemble de l'UEMOA demeure élevé nonobstant sa tendance à la baisse (Commission Bancaire, 2009).

[48] Cette situation n'est pas toutefois spécifique à Union.

Pour l'instant, la forte présence des Etats sur le marché est à saluer, car elle participe à la réduction des excès de liquidité sur le système bancaire et permet d'amener les banques en « Banque ». Cependant, après cette phase, la présence des Etats doit être mieux coordonnée afin de ne pas induire un effet d'éviction sur le financement du secteur privé par le système bancaire. En effet, dans un contexte régional marqué par des contraintes d'accès au marché financier régional, notamment pour les petites et moyennes entreprises, le système bancaire demeure la principale source de financement des entreprises privées[49].

Au total, l'analyse de l'offre et de la demande sur le marché des titres publics de l'Union fait ressortir que l'excès de liquidité dans le système bancaire a favorisé la demande des titres publics par les banques, qui en sont les principaux demandeurs. Pour minimiser les effets d'éventuelle éviction sur le financement du secteur privé, les Autorités de l'Union cherchent à attirer plus d'investisseurs sur ce marché et mettre en place le système de Spécialistes en Valeurs du Trésor (SVT) pour assurer la liquidité des titres sur le marché secondaire.

Une autre manifestation de l'excès de liquidité est sans doute le fait que les banques aient accepté d'offrir les ressources financières aux Etats à des taux parfois inférieurs au taux de pension de la Banque Centrale.

Dans la recherche de crédibilité, les Etats ont souvent annoncé un montant de l'offre inférieur au montant effectivement souhaité, afin d'amener les banques à baisser les taux d'intérêt. Cependant, le fait de prendre toutes les ressources disponibles au-delà du montant annoncé préalablement pourra donner l'impression que les Etats sont confrontés à des tensions de trésorerie importantes. Ce constant peut amener les banques à relever le niveau du risque du pays et par conséquent proposer, dans l'avenir, les taux d'intérêt plus élevés. Finalement, nonobstant l'ampleur des ressources levées sur le marché des titres publics des pays de l'UEMOA, ce marché reste encore liquide.

3.3.6. Marché des bons du Trésor : un véhicule d'intégration financière

Une des principales caractéristiques du MTPU réside dans sa dimension régionale et son caractère ouvert. *En effet, ce marché couvre l'étendue du territoire des huit Etats membres de l'UEMOA et est accessible à l'ensemble des investisseurs locaux et étrangers par le canal des banques de l'Union. Ainsi, tout Trésor émetteur s'adresse à l'ensemble des*

---

[49] Le financement qui d'ailleurs est à court terme dans sa majorité (70% du total des crédits consentis).

investisseurs des Etats membres de l'Union grâce à une procédure uniforme se traduisant notamment par la communication, dans les mêmes conditions, des informations aux intervenants du marché. En outre, les souscripteurs habilités par la BCEAO sont traités de manière égalitaire quel que soit leur Etat de provenance. Le bon fonctionnement à l'échelle régionale du marché des bons du Trésor est facilité par l'intégration monétaire effective et par l'infrastructure uniforme de paiement et de gestion des titres couvrant l'ensemble des Etats membres de l'Union (Brou, 2008).

De même, la domiciliation des titres à la BCEAO facilite les règlements et remboursements y afférents ainsi que l'exécution des transactions sur le marché secondaire entre les titulaires de compte.

En moyenne, 42,0% des bons émis sur le marché de l'UEMOA entre 2002 et 2008 ont été souscrits par les investisseurs non-résidents dans l'Etat membre émetteur, ce qui montre un haut degré d'intégration financière au sein de l'UEMOA (voir le graphique ci-après).

Graphique 6. Degré d'intégration financière au sein de l'UEMOA

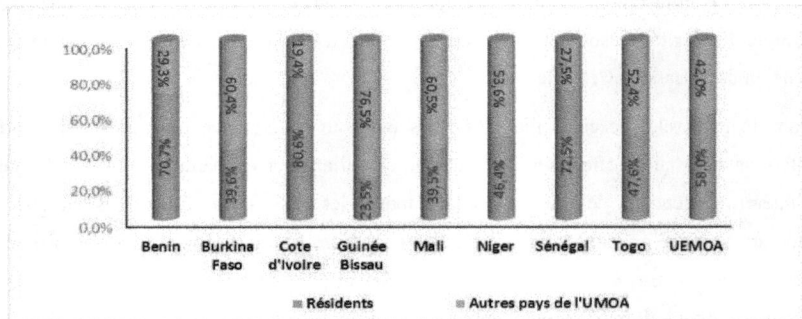

Source : Calcul de l'auteur sur la base des données de la BCEAO

En effet, 76,5% du montant des Bons de Trésor émis par la Guinée-Bissau au cours de la période sous revue a été souscrit par les investisseurs non-résidents contre à peine 19,4% pour les Bons du Trésor émis par la Côte d'Ivoire. Cette situation extrême pourrait s'expliquer par l'insuffisance de la demande des titres au niveau de la Guinée-Bissau contrairement à son abondance en Côte d'Ivoire, en liaison notamment avec la taille du secteur financier, le pouvoir d'achat, le degré de la culture financière dans chacun de ces pays. En effet, la Côte d'Ivoire abrite les principales infrastructures du marché financier et dispose d'un secteur bancaire assez développé et diversifié au contraire de la Guinée-Bissau[50].

Les autres pays dont la part des résidents dans la demande des bons de Trésor est inférieure à 50% sont le Burkina Faso (39,6%), le Mali (39,5%), le Niger (46,4%) et le Togo (47,6%).

---

[50] S'agissant du marché financier régional, il conviendrait de noter l'absence des activités de l'Antenne de Bourse et l'inexistence d'une seule Société de Gestion et d'Intermédiation ou d'un autre acteur du marché financier en Guinée-Bissau rend quasiment invisible les activités et les potentialités de ce marché dans ce pays.

CHAPITRE IV

ANALYSE MICROECONOMIQUE DU MARCHE DES OBLIGATIONS DE TRESOR

Les obligations de Trésor ainsi que les emprunts obligataires sont les titres à moyen et à long termes émis sur le marché financier régional. Ce marché a été mis en place en 1996 par les Autorités de l'UEMOA pour favoriser la résolution des problèmes chroniques de financement des économies des pays membres. Sa création visait ainsi à permettre aux entreprises privées et au secteur public de l'Union de trouver les ressources longues pour le financement de leurs projets d'investissement et de développement[51]. Cependant, ce chapitre est réservé à l'analyse des opérations réalisées par les Etats de l'UEMOA dans le cadre de la mise en œuvre de leur politique budgétaire. Dans ce contexte, deux produits sont offert aux Etats, à savoir : Emprunts obligataires (EO) et Obligations de Trésor (OT). Toutefois, seules les obligations de trésor feront l'objet d'analyse.

La différence entre l'emprunt obligataire et l'obligation du Trésor réside dans la technique utilisée pour l'appel à l'épargne. Dans le premier cas, la technique utilisée est celle de syndication par laquelle le taux d'intérêt est préalablement fixé par l'émetteur. Dans le cas des obligations de Trésor, la technique utilisée est celle de l'adjudication à l'hollandaise où chaque investisseur propose son taux d'intérêt qui lui sera effectivement appliqué si son offre est retenue. En effet, le recours à l'adjudication paraît plus indiqué car elle est plus transparente, moins coûteuse pour l'État et plus liquide pour les banques, dans la mesure où les obligations émises par voie d'adjudication sont admises en garantie des opérations sur le marché monétaire de l'Union. En outre, cette technique donne l'occasion aux investisseurs de juger la qualité de signature des Etats émetteurs, en sanctionnant les moins performants dans le domaine d'assainissement des finances publiques. Par ailleurs, les prix des soumissions, qui sont sensés refléter les anticipations des agents économiques sur la conjoncture économique fournit des informations importantes pour la mise en œuvre de la politique de taux d'intérêt par la Banque Centrale et sert de référence aux émissions des titres privés.

---

[51]Les institutions financières régionales réalisent également les opérations de mobilisation et/ou applications des ressources sur le marché financier régional.

4.1. ANALYSE DE L'OFFRE DES OBLIGATIONS DE TRESOR

Les obligations du Trésor, sont des titres à moyen ou long terme d'une durée réglementaire supérieure à 2 ans, de valeur faciale fixée à dix mille (10 000) F CFA ou à son multiple. Elles produisent annuellement une rémunération à taux fixe sur leur valeur nominale. La BCEAO, en sa qualité de conseiller financier des Etats en assure l'organisation matérielle en collaboration avec les structures du marché financier, notamment le Conseil Régional de l'Epargne Publique et des Marchés Financiers (CREPMF).

L'offre des obligations de Trésor est assurée par les Etats pour la mobilisation des ressources longues, normalement destinées au financement des projets de développement, notamment des infrastructures. Cependant, au regard des difficultés financières que traversent ses Etats, dans un contexte de rareté des financements extérieurs, les ressources levées sur le marché financier régional servent également pour la couverture des besoins de trésorerie. Dans cette optique, les déterminantes de l'offre des obligations du Trésor par les Etats sont les besoins de financement identifiés dans le cadre du processus budgétaire et effectivement enregistrés dans le tableau des opérations financières de l'Etat et non seulement ceux liés au financement des projets d'investissement.

4.1.1. Evolution de l'offre des obligations publiques sur le marché financier régional

L'offre des obligations de Trésor a enregistré une croissance moyenne annuelle de 24,2% entre 1999 et 2008. Comme dans le cas des Bons de Trésor, les Etats ont fait recours à cette source de financement d'une manière intense après la suppression des avances statutaires aux pays. Ainsi, de 15 milliards de F CFA en 1999, l'offre des obligations de Trésor sur le marché est passée à 165 milliards de F CFA en 2008.

Tableau 6. Evolution de l'offre des obligations du Trésor par pays (millions F CFA)

	1999	2000	2001	2002	2003	2004	2005	2006	2007	2008	Total
Benin		5 000			20 000	10 000			80 000	30 000	145 000
Burkina Faso					15 000				40 000		55 000
Côte d'Ivoire	15 000			30 000	30 000		40 000	80 000	30 000	60 000	285 000
Guiné-Bissau											0
Mali									50 000		50 000
Niger											0
Sénégal							40 000		75 000	25 000	140 000
Togo							30 000		20 000		50 000
Total	15 000	5 000	0	30 000	65 000	10 000	110 000	80 000	245 000	165 000	725 000

Source : BCEAO

Par pays, la Côte d'Ivoire est l'Etat qui a plus sollicité les ressources au cours de la période sous revue auprès du marché financier, avec 39,3% de la valeur totale des titres offerts suivie du Bénin et du Sénégal respectivement avec 20,0 et 19,3% du montant offert. La part du Burkina Faso s'est établie à 7,6% alors que celle du Togo et du Mali s'est établie à 6,9% chaque. La Guinée-Bissau et le Niger sont les seuls pays n'ayant pas encore réalisé des émissions des Obligations du Trésor jusqu'en 2008.

4.2. DEMANDE D'OBLIGATIONS DU TRESOR

La demande d'obligations du Trésor est manifestée par les agents économiques à capacité de financement désirant placer leurs excédents à moyen et long termes. Selon Amenounvé, E (2008), *environ 75 à 80 % des obligations sont souscrites par les banques, 15 à 20 % par les Compagnies d'Assurances et les fonds (les institutionnels) et au plus 5 % par les personnes physiques. Parmi les investisseurs dans ces titres, environ 30% sont non-résidents dans l'UEMOA.*

L'analyse des données des soumissions aux appels d'offre de souscription de ces titres montre qu'elle suscite un grand intérêt au niveau des investisseurs. En effet, le taux moyen de souscription s'est établi à 128,9% avec un minimum de 90,0% enregistré en 2004 et le maximum de 213,3% en 2002.

Tableau 7. Evolution de la demande des obligations de Trésor par les investisseurs (millions de F CFA)

	1999	2000	2001	2002	2003	2004	2005	2006	2007	2008	Total
Benin		5 005,0			16 000,0	9 000,0			96 060,0	30 000,0	156 065
Burkina Faso					25 000,0				41 300,0		66 300
Côte d'Ivoir	30 200,0			63 978,3	40 403,3		86 133,0	84 200,0	51 700,0	61 216,0	417 831
Guiné-Bissau											0
Mali									52 420,0		52 420
Niger											0
Sénégal							45 000,0		115 875,0	25 000,0	185 875
Togo						36 300,0			20 000,0		56 300
Demande	30 200,0	5 005,0	0,0	63 978,3	81 403,3	9 000,0	167 433,0	84 200,0	324 935,0	168 636,0	934 791

Source : BCEAO

4.3. EQUILIBRE SUR LE MARCHE DES OBLIGATIONS DE TRESOR

L'analyse des données sur l'offre et la demande des obligations du Trésor, montre que tout au long de la période sous revue, les montants demandés par les investisseurs ont été, au moins égaux aux montants mis en adjudication ; les taux de souscription étant au moins égaux à 100%. Ce constat témoigne de la liquidité du marché financier. Le graphique ci-après retrace ce comportement. Il en ressort que l'offre (ligne orange dans le graphique) a été toujours en dessus des barres (représentant la demande) au cours de la période, à l'exception de 2004, 2006 et 2008.

Graphique 7. Evolution de l'offre et de la demande des obligations de Trésor (millions F CFA)

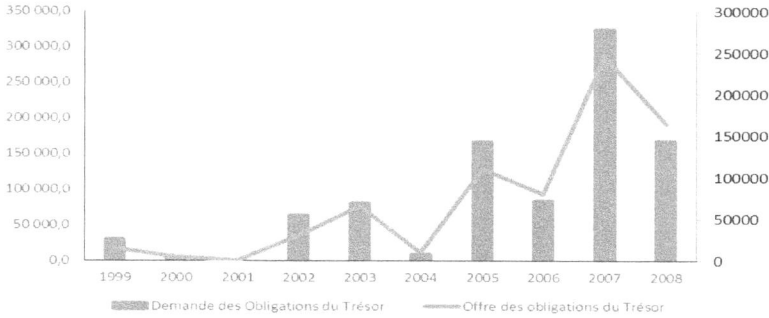

4.3.1. Evolution des taux d'intérêt

Dans tous les marchés libres, les taux d'intérêt ont un rôle prépondérant dans l'établissement de l'équilibre. Sur la base des informations disponibles, nous avons calculé le taux moyen pondéré de différentes émissions depuis 2000. Il en ressort que le taux d'intérêt des obligations à 4 ans (7,0%) a été plus élevé que celui implicite dans les obligations à 10 ans (5,8%).

Graphique 8. Taux d'intérêts marginaux moyens par maturité

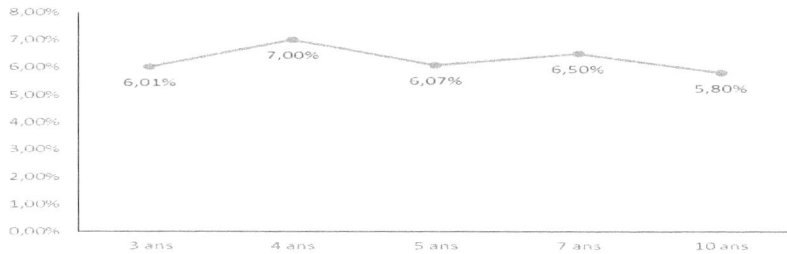

Cette situation s'explique par le fait qu'au moment de l'émission des obligations de 4 ans (2003), les conditions monétaires étaient moins favorables avec le taux de pension à 6,0%. En revanche, les obligations de Trésor à 10 ans ont été émises dans un contexte marqué par

49

la détente de la politique monétaire portant le taux de pension à 4,25%. 2007 et de 4,55% en 2008.

L'analyse de l'évolution des taux d'intérêt des obligations de Trésor à 3 ans a fait ressortir une tendance à la baisse depuis novembre 1999 à l'instar des taux moyen mensuels du marché monétaire (TMMM) et du taux de pension. Ainsi, de 8,0% en mai 1999, le taux d'adjudications des obligations du Trésor est tombé à 6,0% en avril 2007 avant de monter à 6,25% à la suite du relèvement du taux de pension de 4,25% à 4,75%, le 18 août 2008.

Graphique 9. Evolution comparée des taux d'intérêt

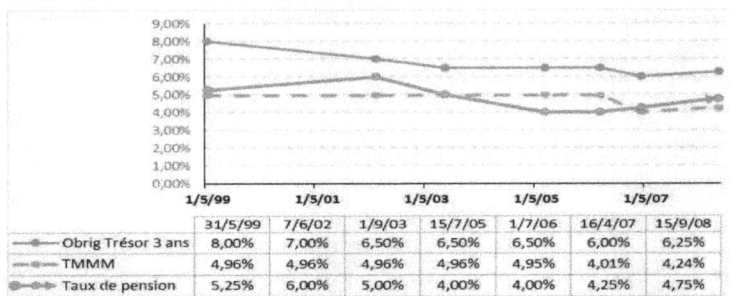

	31/5/99	7/6/02	1/9/03	15/7/05	1/7/06	16/4/07	15/9/08
Obrig Trésor 3 ans	8,00%	7,00%	6,50%	6,50%	6,50%	6,00%	6,25%
TMMM	4,96%	4,96%	4,96%	4,96%	4,95%	4,01%	4,24%
Taux de pension	5,25%	6,00%	5,00%	4,00%	4,00%	4,25%	4,75%

Source : Auteur sur la base des données de la BCEAO

Sur le marché des obligations de Trésor, le comportement des taux d'intérêts[52] sont en cohérence avec la théorie étant donné qu'ils ont été au-dessus des taux du marché monétaire et de pension.

Graphique 10. Evolution comparée des taux d'intérêt

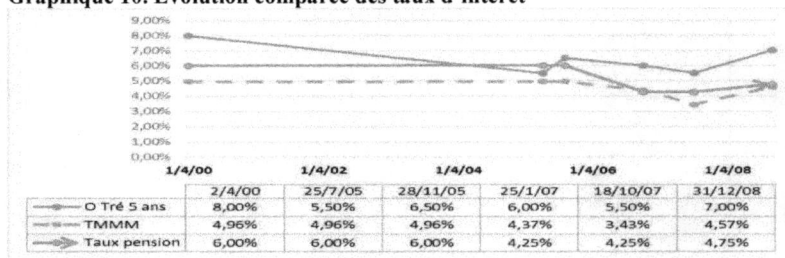

	2/4/00	25/7/05	28/11/05	25/1/07	18/10/07	31/12/08
O Tré 5 ans	8,00%	5,50%	6,50%	6,00%	5,50%	7,00%
TMMM	4,96%	4,96%	4,96%	4,37%	3,43%	4,57%
Taux pension	6,00%	6,00%	6,00%	4,25%	4,25%	4,75%

Source : Auteur sur la base des données de la BCEAO

---

[52] Au cours de la période allant jusqu'en 2007, le TMMM a été supérieur au taux de pension du fait de la suspension des opérations d'injection de la liquidité du 7 janvier 2002 jusqu'en février 2007. Ainsi, le dernier taux observé depuis cette date a été successivement reconduit jusqu'à la reprise des interventions sur le marché monétaire. Ainsi, le TMMM ne reflete pas les évolutions du taux de pension sur cette période.

4.3.2. Structure des échéances

En principe, les échéances de la dette doivent être alignées sur celles des dépenses que les ressources y résultantes sont appelées à financer. Ainsi, pour les ressources mobilisées contre l'émission des obligations du Trésor, supposées financer les dépenses de l'investissement, leurs échéances peuvent être aussi longues que possible pour permettre que les projets financés produisent des bénéfices pour leur remboursement. En outre, du point de vue de l'équité intergénérationnelle, une ressource qui sert à financer des biens qui seront consommés par la génération future peut avoir une maturité aussi longue et son remboursement étalé sur le temps.

L'analyse des émissions réalisées depuis 1999 dans la zone UEMOA révèle que 44,7% des obligations de Trésor ont l'échéance de 3 ans contre 26,6% à 10 ans, 23,4% à 5 ans et 2,7% pour 4 et 7 ans chacune (voir le tableau ci-après). Il conviendrait de signaler que l'échéance de 10 a été introduite en janvier 2007 représentant un signe de confiance dans la stabilité macroéconomique et politique de la zone et les perspectives du développement du marché financier. En effet, l'allongement de la structure des échéances présente les avantages liés, notamment à la réduction des risques du marché et de refinancement.

Le tableau ci-après qui retrace la distribution des émissions par pays montre également que la Côte d'Ivoire est le pays qui a levé plus des ressources au niveau du marché financier régional (47,2%), suivi du Sénégal (19,0%), du Bénin (15,9%), du Burkina Faso (6,8%) et du Togo (5,8%) et Mali (5,4%).

Tableau 8. Distribution des émissions par échéance (millions de F CFA)

Pays	3 ans	4 ans	5 ans	7 ans	10 ans	Total
Benin			59 143	25 000	71 922	156 065
Burkina Faso		25 000			41 300	66 300
Côte d'Ivoire	417 831					417 831
Guinée-Bissau						0
Mali			21 102		31 318	52 420
Niger						0
Sénégal			102 166		83 709	185 875
Togo			36 300		20 000	56 300
UEMOA	**417 831**	**25 000**	**218 711**	**25 000**	**248 249**	**934 791**
En pourcentage du total	*44,7%*	*2,7%*	*23,4%*	*2,7%*	*26,6%*	*100,0%*

Source : BCEAO

Le graphique ci-après retrace la structure de l'échéance de la dette sous forme des obligations de Trésor au sein de l'UEMOA.

De même, la Côte d'Ivoire est le pays le plus exposé au risque du marché au regard de la concentration de ses émissions au niveau de la maturité de 3 ans au contraire des autres pays comme le montre le graphique ci-après. Il en ressort que le Bénin est le pays dont l'échéance a été plus diversifiée et suffisamment longue, avec 37,9% des émissions à 5 ans, 16,0% à 7 ans et 46,1% à 10 ans.

Graphique 11. Structure de l'échéance des obligations de Trésor par pays

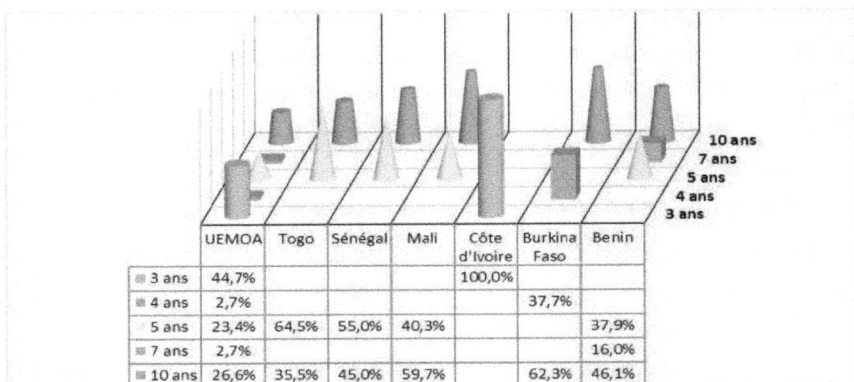

	UEMOA	Togo	Sénégal	Mali	Côte d'Ivoire	Burkina Faso	Benin
3 ans	44,7%				100,0%		
4 ans	2,7%					37,7%	
5 ans	23,4%	64,5%	55,0%	40,3%			37,9%
7 ans	2,7%						16,0%
10 ans	26,6%	35,5%	45,0%	59,7%		62,3%	46,1%

Au titre de l'encours de la dette sous forme des obligations de Trésor, le montant global à fin 2008 s'est établi à 561, 4 milliards de F CFA, dont 30,3% du Sénégal, 24,5% du Bénin et 20,1% pour la Côte d'Ivoire comme le montre le graphique ci-dessous.

Graphique 12. Distribution de l'encours d'obligations de Trésor en 2008 par pays

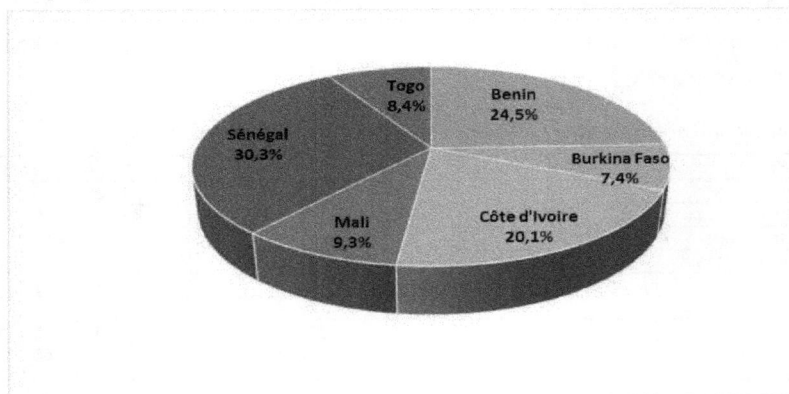

Source : Calcul de l'auteur sur base des données de la BCEAO

Analysant le marché des obligations du Trésor de l'UEMOA, CREPMF (2008) a conclu que la coordination des interventions des Etats sur le marché est insuffisante. Cette situation contribue au renchérissement du coût de la mobilisation des ressources et à l'éviction du secteur privé. En outre, l'examen des raisons d'emprunts évoqués par les

Etats, au moment de lancement des appels d'offres, fait ressortir que les ressources financières mobilisées auprès du marché financier régional servent à financer les besoins de fonctionnement et de trésorerie des Etats et très peu les projets d'investissement[53]. Selon CREPMF (2008), le coût d'emprunt du secteur privé est généralement inférieur à celui des Etats. Ainsi, «le taux moyen pondéré servi par les Etats entre 1998 et 2008 est de 6,56 % contre 6,40 % pour le secteur privé ».

Ce constat pose le problème de crédibilité des Etats de l'Union. En principe, les taux d'intérêt des titres souverains devraient être plus faibles que ceux des titres privés. En effet, les rendements issus des titres publics sont défiscalisés dans le pays d'émission alors que ceux des titres privés sont taxés. Une autre raison qui pourrait expliquer le fait que les taux d'intérêt des titres publics soient plus faibles est en rapport avec la nature souveraine de ces titres. Cependant, la garantie à 100% exigée pour les émissions privées, en éliminant le risque de défaut, donne un caractère presque souverain aux titres privé et rassure d'avantage les investisseurs.

---

[53] Seul l'Etat du Sénégal a indiqué le financement de projet comme destination des fonds résultants de l'émission des Obligations de Trésor.

CHAPITRE V

ANALYSE MACROECONOMIQUE DU MARCHE DES CAPITAUX DE L'UEMOA

Après l'analyse microéconomique du fonctionnement du marché des capitaux de l'Union, cette partie sera axée sur l'analyse macroéconomique de la problématique de la dette, utilisant le cadre analytique élaboré par *Debt Relief International* (DRI). Au regard de l'objectif de ce livre, seule la dette publique émise pour le financement des besoins de la mise en œuvre de la politique budgétaire sera considérée. Ainsi, l'offre des titres sera assurée par les Gouvernements en réponse aux besoins de financements issus de l'analyse du Tableau des Opérations Financières de l'Etat (TOFE) consolidé de l'UEMOA.

De sa part, la demande de titres sera manifestée par le secteur financier, d'où la nécessité d'analyser ce secteur afin de déterminer ses préférences en matière de la dette publique, notamment en ce qui concerne la maturité des divers instruments de créance sur les Etats. L'analyse du développement du secteur financier de l'UEMOA permettra également d'évaluer la demande potentielle de ce secteur en matière de titres de créance publique et les liens potentiels entre la dette publique et le développement du secteur financier.

Ensuite, les éléments liés à l'offre et à la demande de la dette intérieure seront regroupés de manière en déduire l'équilibre. Toutefois, le déséquilibre peut survenir notamment si les Etats souhaitent émettre un montant de la dette différent de ceux qui le secteur financier désire détenir ou avec une échéance différente de celle que le secteur financier souhaite.

5.1. CADRE D'ANALYSE DE LA STRATEGIE DE LA DETTE INTERIEURE

Le cadre analytique développé par le DRI pour la préparation de stratégie nationale de dette intérieure, comporte plusieurs composants. Tout d'abord, il réalise une analyse profonde de l'offre et de la demande de la dette intérieure. Dans ce contexte, l'offre est appréhendée par le montant des émissions réalisées par les Etats pour combler leurs déficits budgétaires ou mettre en œuvre sa politique monétaire[54]. Pour le faire, il est

---

[54] Le cadre peut également être utilisé pour analyser et projeter le montant de dette intérieure que la Banque centrale doit émettre pour mettre en œuvre sa politique monétaire, de manière à s'assurer qu'il n'existe pas de liquidité excessive dans le système financier. Cependant, compte tenu l'objet de notre étude et le fait que la BCEAO ne fait recours qu'aux titres des Etats pour la mise en œuvre de sa politique monétaire, cette analyse ne sera pas réalisée.

nécessaire de procéder à l'analyse et à la projection du montant de la dette intérieure que les Trésor publics doivent émettre pour satisfaire leurs besoins de financement. Ainsi, pour l'année t, la valeur de dette intérieure à émettre au moment (dt) est donnée par l'expression ci-après :

$$d = RT_t - DT_t$$

- RT$_t$ ressources totales (recettes intérieures plus les financements extérieures sous forme de dons ou emprunt)
- DT$_t$ dépenses totales des Etats membres

Il s'agit du déficit résiduel après la prise en compte de toutes les ressources disponible des Etats et de toutes les dépenses prévues dans le cadre des budgets nationaux.

De sa part, la demande de la dette intérieure provient du secteur financier, constitué par les banques primaires, les établissements financiers, les caisses de retraite et les compagnies d'assurance, ainsi que du secteur privé. Il s'agit des agents économiques à capacité de financement qui achètent ou désire acheter les titres émis par les Etats, afin de rentabiliser leurs ressources financières excédentaires.

5.1.1. Projections de l'offre et de la demande de la dette intérieure

Après la détermination de l'offre et de la demande pour les données historiques, des projections sont réalisées afin d'analyser le comportement future du marché des capitaux. Ces projections sont faites sur la base d'un certain nombre d'hypothèses sur les variables macroéconomique et le développement du secteur financier. Cependant, en dépit de l'utilisation des hypothèses commune pour les projections de la demande et de l'offre, l'équilibre n'est pas nécessairement assuré.

Le déséquilibre peut se produire pour divers raisons. D'abord, les Etats, en quête de financer leurs dépenses liées à la réduction de la pauvreté, peut prétendre l'émission de la dette intérieure pour des montants supérieurs à ceux que le système financier et secteur privé désirent détenir. Même si ces montants sont égaux, il peut exister un déséquilibre au niveau de la durée (c'est-à-dire l'échéance) de la dette que les Etats souhaitent émettre et ce que le marché demande. En général, les émetteurs préfèrent le long terme alors que les banques, surtout, préfèrent le court terme, au regard de leur ressources qui sont essentiellement courtes. Si un tel cas se présente, les hypothèses seront revues en vue d'assurer l'équilibre entre l'offre et la demande de la dette intérieure et de disposer d'un cadre global relatif au marché de la dette intérieure.

Le cadre permet également d'étudier la restructuration des instruments de la dette intérieure existants ainsi que l'émission de nouveaux instruments de manière à assurer la cohérence entre l'offre et la demande. Dans ce contexte, les taux d'intérêt jouent un rôle important, car pour équilibrer le marché il pourra être nécessaire de changer le niveau ou la structure des taux.

Les projections de l'offre et de la demande comportent un scénario central et deux scénarios extrêmes : un pessimiste et autre optimiste. Le scénario central est le résultat de l'extrapolation de la situation actuelle. Le cas optimiste vise à tester la réaction de la dette intérieure publique face à une amélioration de la situation économique, tandis que le cas pessimiste identifiera ce qu'il risque de se produire si la situation économique se dégrade (DRI, 2007).

5.2. CADRE MACROECONOMIQUE DE LA DETTE INTERIEURE

Dans l'analyse macroéconomique de la dette intérieure, il est indispensable l'examen de la situation des finances publiques en tant que génératrice de l'offre de dette et celle du secteur financier en sa qualité de demandeur de titres émis par les Etats[55].

5.2.1. Finances publiques

L'analyse des données relatives aux finances publique des pays de l'UEMOA, à partir du TOFE consolidé, fait ressortir un comportement mitigé. En effet, les recettes intérieures se sont améliorées s'établissant à 17,0% du PIB en moyenne sur la période de 2003 à 2008, avec le minimum de 16,2% en 2003 et le maximum de 18,3% en 2007. De même, les dons se sont accrus se fixant à 3,3% du PIB avec un minimum de 2,4% en 2003 et 6,4% en 2006. En outre, les dépenses avec les intérêts de la dette publique ont poursuivi la tendance amorcée depuis 2004, se fixant en moyen sur la période à 1,2%. Un fait positif est sans doute la progression des dépenses en capital qui se sont établies à 6,7% après 5,9% enregistré en 2003. Toutefois, les dépenses courantes, hors intérêt de la dette, en

---

[55] Même si les évolutions de ces secteurs sont quelques peux influencées par celles des secteurs réel et extérieur.

pourcentage du PIB, se sont relevées depuis 2007, se fixant au-dessus de la moyenne de 14,5% observée sur la période sous revue.

En conséquence des évolutions susmentionnées, le solde primaire courant dont la moyenne est fixée à 2,5% du PIB, a oscillé sur la période passant de 2,2% en 2003 à 3,0% en 2007. Le solde global hors dons, s'est établi à -6,2% du PIB en moyenne sur la période de 2003 à 2008, passant de -6,6% du PIB en 2004 à -5,8% en 2008 en rapport avec la réduction progressive des excédents primaires courant intérieurs. S'agissant du solde global, dons inclus, il s'est établi à -2,9% en moyen avec un minimum de -4,0% en 2005 et un maximum de -0,3% en 2006.

Tableau 9. Evolution des principaux soldes budgétaires (en % du PIB)

	2003	2004	2005	2006	2007	2008	Moyenne
Solde primaire courant intérieur	2,2%	2,6%	2,3%	2,3%	3,0%	2,8%	2,5%
Solde global, hors dons	-6,1%	-6,4%	-6,6%	-6,2%	-6,3%	-5,8%	-6,2%
Solde global, dons inclus	-3,7%	-3,9%	-4,0%	0,3%	-3,4%	-2,9%	-2,9%

Source : Auteur sur la base des données de l'UEMOA

5.2.2. Secteur monétaire et financier

Les variables clés du secteur ont affiché une tendance haussière au cours de la période de 2003-2008. Ainsi, la masse monétaire en termes du PIB en tant que mesure classique du développement du secteur financier et d'expansion des circuits financiers (Subhrendu, 2003) s'est relevée au cours de la période sous revue, démontrant un développement de ce secteur. En effet, le M2/PIB est passé de 28,1% en 2003 à 30,4% en 2008.

Au cours de la même période, le ratio masse monétaire au sens large (M2) sur la circulation fiduciaire (M0) s'est légèrement progressé passant de 3,28% en 2003 à 3,38% en 2008, ce qui témoigne un accroissement timide de l'intermédiation financière.

Au niveau du crédit au secteur privé / PIB, il a été enregistré une hausse, s'établissant à 18,5% en 2008 contre 15% en 2003 pour une moyenne sur la période de 16,5%. Cette évolution traduit le relèvement de la capacité d'intermédiation du secteur bancaire.

Finalement, le ratio actifs financiers totaux / PIB, s'est relevé se fixant à 32,5% en 2008 contre 24,9% en 2003, ce qui traduit des progrès au niveau du développement du secteur financier.

5.3. DESCRIPTION DES DONNEES

Les données sur les secteurs budgétaire et réel sont issues du TOFE consolidé de l'UEMOA et des comptes nationaux, respectivement, tandis que celles du secteur monétaire et financier ont été retirées des *Bulletins de statistiques monétaires et financières* de la BCEAO qui retracent mensuellement la situation des banques et établissement financiers de l'Union. Ainsi, les données de la rubrique « Crédit à l'économie (prêts au secteur privé) » du modèle de la dette intérieure proviennent du poste « Crédit à l'économie » de la situation des banques. De sa part, les rubriques « dette publique à long terme » et « dette publique à court terme » du modèle ont été remplies avec les données issues de l'encours des obligations et des bons des Trésors, respectivement.

Cependant, pour la commodité de l'exercice, l'hypothèse selon laquelle, les banques ne détiennent que les bons et obligations de Trésor a été retenue.

Les données détaillées sur la distribution des actifs du secteur financier n'étant pas disponibles pour toute la période, les proportions des actifs de l'année 2006 ont été utilisées, avec l'inconvénient de ne pas retracer les évolutions intervenues dans le développement du secteur financier de l'Union. Ainsi, la part des actifs des assurances qui représentait 6,9% du total des actifs des banques de l'Union en 2006 a été utilisée pour estimer l'actif de ce sous-secteur financier pour les autres années.

Pour la détermination du stock de la dette intérieure dans la partie relative à l'analyse budgétaire, la formule ci-après est proposée :

$$D_t = \sigma \theta D_{t-1} + \theta E_t$$

Oú :

- D_t est le stock de la dette au moment t ;

- D_{t-1} est le stock de la dette au moment $t-1$;

- E_t, le flux de dette en t correspondant à la valeur totale des émissions des titres de dette nécessaire au comblement du déficit budgétaire. Elle représente l'offre de la dette ;

- σ, la part des obligations du Trésor dans le stock de la dette et

- θ, la proportion de la dette de maturité d'au moins égale à un an. Cette situation s'explique par le fait que les bons dont la maturité est inférieure à douze mois

58

sont, en moyen, remboursés au cours de l'exercice. Il s'agit d'une hypothèse forte, mais nécessaire.

Ces assomptions permettront d'effectuer les projections pour les stocks annuels de la dette intérieure. Sur la base des données historiques, le σ est égal à 60,2% et le θ à 69,3%. Ainsi, 60,2% du stock de la dette intérieure de l'UEMOA est constitué des obligations du Trésor ; la partie restante étant constituée des bons de Trésor, nonobstant le fait que 69,3% des émissions en moyen soient réalisés sous forme de bons du Trésor. La faible participation des bons du Trésor dans la formation du stock de la dette intérieure s'explique par le fait qu'en moyenne, 59,4% de ces titres émis sont remboursés au cours du même exercice, ne concourant pas à la constitution du stock de l'année suivante. Globalement, 71,9% des émissions de l'année n sont pris en compte dans le calcul du stock de la dette intérieure de l'année n+1.

5.4. ANALYSE DU MARCHE DES CAPITAUX

5.4.1. Analyse de l'offre des titres publics

L'offre annuelle des nouveaux titres sur le marché primaire étant constituée par les besoins de financements intérieurs nets, c'est-à-dire le E_t dans la formule ci-dessus, elle est passée de 277.170 millions en 2005 à 566.998 millions en 2008. En termes du PIB, les financements intérieurs ont évolué de 1,1% du PIB en 2005 à 1,8% en 2008. Le tableau ci-après retrace ces évolutions.

Tableau 10. Evolution des principaux indicateurs budgétaires (millions de F CFA)

	2005	2006	2007	2008
Besoins en financements intérieurs nets	277 170	282 995	349 567	566 988
Stock de dette intérieure sous forme de titres	335 853	378 422	836 487	860 991
Financements intérieurs nets en% du PIB	1,1%	1,1%	1,3%	1,8%
Stock de dette intérieure en % du PIB	1,6%	1,4%	3,0%	2,8%

Source : Auteur sur la base des données de l'UEMOA

Toutefois, le cadre de l'analyse utilisé prend en compte l'offre globale des titres (le stock de la dette intérieure), constitué par les nouvelles et les anciennes émissions. Cette situation pourrait s'expliquer par le fait qu'il est possible la transaction des titres sur le marché secondaire. Ainsi, l'offre serait constituée par les titres nouvellement émis et ceux qui sont déjà dans les portefeuilles des différents agents économiques pouvant être objet de transaction dans le cadre de la reconstitution de leurs portefeuilles. Sur cette base, l'offre de titre de dette effectuée par l'ensemble des Etats de l'UMOA est passée de 335 853 millions en 2005 à 861 991 millions en 2008, soit de 1,6% du PIB en 2005 à 2,8% en 2008.

5.4.2. Analyse de la demande des titres publics

La demande de la dette intérieure est manifestée par les acheteurs potentiels de titres publics sur le marché, qui sont essentiellement les institutions du secteur financier. Il s'agit des banques primaires, des établissements financiers, des fonds de pension et des compagnies d'assurance.

Sur la base des données disponibles relatives à la distribution des actifs du secteur financier dans l'UEMOA, il est ressorti une prédominance des banques primaires. En moyenne sur la période de 2003 à 2008, ces banques détiennent 91,3% du total des actifs, suivi des établissements financiers (3,3%), de la Banque Central[56] (3,8%), et des assurances (1,6%).

Graphique 13. Evolution de la distribution des actifs du secteur financier

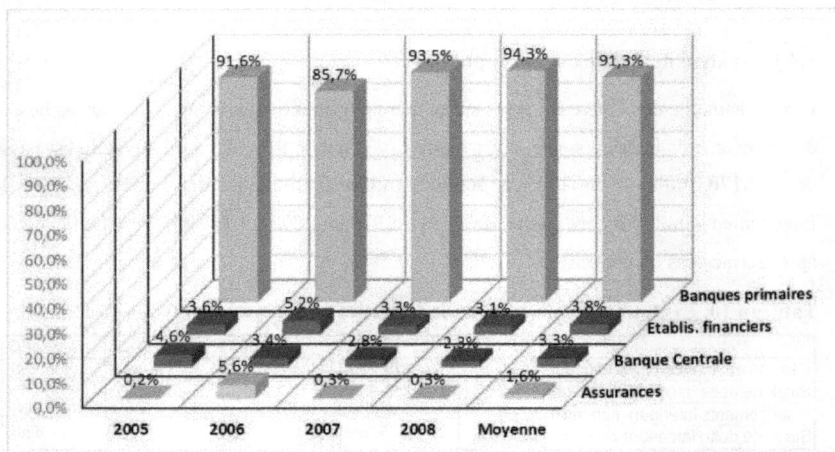

Source : Auteur sur la base des données de la BCEAO

L'analyse de la préférence des banques, fait ressortir qu'en moyen celles-ci conservent 52,6% de leurs actifs sous forme de crédit à l'économie, 37,4% sous autres actifs et à peine 10,0% sous forme de titres publics, dont 6,0% à long terme. De même, les établissements

---

[56] La créance de la BCEAO sur les Etats est issue de la consolidation des découverts statutaires que l'Institut d'émission consentait aux Trésors nationaux au titre de l'article 16 de ses statuts jusqu'à 2002.

financiers ne détiennent que 5% de leurs actifs sous forme de titres publics. Sur la base de ces préférences, la demande totale manifestée par l'ensemble du secteur financier de l'Union a passé de 1 002 667 millions de F CFA en 2005 à 1 560 062 millions de F CFA en 2008, soit un taux de croissance moyen annuel de 13,9%.

Tableau 11. Evolution de la demande de titres publics (millions de F CFA)

	2005	*2006*	*2007*	*2008*
Demande de dette à long terme	725 460	827 754	961 883	1 095 210
Demande de dette à court terme	277 207	224 527	507 405	464 851
Total	*1 002 667*	*1 052 281*	*1 469 288*	*1 560 062*

Source : Auteur sur la base des données de la BCEAO

Analysant la décomposition de la demande du secteur financier pour les titres publics au cours de la période allant de 2003 à 2008, nous pouvons conclure qu'en moyenne, elle est constituée de 81,2% des titres à long terme contre 18,8% des titres à court terme. Cependant, excluant la Banque Centrale, 76,6% des titres sont à long terme contre 24,4% des titres à court terme.

5.4.3. Analyse de l'équilibre entre l'offre et la demande de la dette intérieure

Sur la base du cadre de l'analyse de la dette intérieure établi par DRI, les conclusions sur la confrontation entre l'offre et la demande des titres (bons et obligations du Trésor) ne sont pas différentes de celles tirées lors des analyses sur la base des statistiques descriptives. En effet, il en ressort un excédent de la demande sur l'offre qui s'explique notamment par la surliquidité du système bancaire de l'Union. Ainsi, en moyenne sur la période de 2005-2008, l'offre de titres publics ne représentait que 55,2% de la demande exprimée par le secteur financier, soit une demande excédentaire de 699 071 millions en moyenne.

Tableau 12. Evolution de l'équilibre (déséquilibre) sur le marché des capitaux

	2005	*2006*	*2007*	*2008*
Offre de titres	335 853	378 422	836 487	860 991
Long terme	188 203	259 967	465 265	478 894
Court terme	147 650	118 455	371 222	382 097
Demande de titres	1 002 667	1 052 281	1 469 288	1 560 062
Long terme	725 460	827 754	961 883	1 095 210
Court terme	277 207	224 527	507 405	464 851
Excédent d'offre (+) ou de demande (-)	-666 814	-673 859	-632 801	-699 071
Long terme	-537 257	-567 787	-496 618	-616 316
Court terme	-129 557	-106 072	-136 183	-82 755

Source : Auteur sur la base des données de la BCEAO

Un résultat quelque peu surprenant est relatif au fait que l'excédent de la demande est plus accentué au niveau des titres à long termes contrairement à la préférence des banques primaires, notamment au niveau du crédit à l'économie. Toutefois, la situation pourrait s'expliquer par le fait que, dans un contexte marqué par l'excès de liquidité, les banques cherchent à avoir des applications longues que courtes, surtout quand il s'agit des titres publics, réputés sans risque.

Globalement l'analyse montre l'existence des ressources pour le financement des besoins de trésorerie et des investissements. Elle révèle cependant, une préférence du secteur financier pour les titres à long terme tandis que la plupart de l'offre des titres par les Etats est à court terme. Ces résultats sont très encourageants dans la mesure où ils indiquent que les pays disposent des possibilités réelles pour la mobilisation des ressources financières à des taux modeste pour financer leurs investissements, notamment dans le domaine des infrastructures.

5.5. PROJECTION DE L'EQUILIBRE SUR LE MARCHÉ DES CAPITAUX 2010-2027

Comme indiqué dans l'introduction, ce cadre permet également de réaliser les projections et d'étudier la restructuration des instruments de la dette intérieure existants ainsi que l'émission de nouveaux instruments de manière à assurer la cohérence entre l'offre et la demande. Les projections ont été réalisées considérants trois (3) scénarios. Le premier est appelé de scénario de référence qui représente le prolongement des tendances actuelles, sans modification des politiques. Les deux autres sont les scénarios optimiste et pessimiste.

5.5.1. Scénarios optimiste

suppose l'amélioration des performances économiques sous l'action combinée des facteurs extérieurs, tels que des recettes d'exportation accrues grâce à une hausse des volumes et/ou des prix des produits de base, et de facteurs intérieurs traduisant une meilleure gestion économique, notamment une plus grande mobilisation des recettes budgétaires et/ou le résultat de l'exploitation de projets d'investissement antérieurs. Sous ce scénario, nous avons fait l'hypothèse d'un développement accéléré du secteur financier qui se traduirait par le relèvement de ses ratios caractéristiques, la diversification des institutions du secteur financier et la modification au niveau du type d'actifs détenus par les différentes institutions.

Afin de promouvoir le développement du secteur financier, l'Etat procédera à des profondes réformes du secteur qui passent par sa restructuration et sa recapitalisation. A cet égard, il conviendrait de rappeler les mesures prises par les Autorités pour le relèvement du capital social des banques et établissements financiers. En outre, l'Etat prendra des mesures vigoureuses pour développer les fonds de pension privés, le secteur d'assurance, les fonds commun de placement et surtout de la microfinance.

5.5.2. Scénarios pessimiste

Dans le scénario pessimiste, il est supposé une aggravation générale des performances économiques, qui pourra résulter de l'insuffisance des investissements, d'une baisse des recettes d'exportation entraînant une réduction de la croissance du PIB sur un certain nombre d'années, sans reprise ultérieure[57]. Dans ce contexte, la situation du secteur financier serait fragilisée pouvant amener les faillites des banques ou d'autres institutions du secteur.

5.5.3. Hypothèses de projections

Pour ce faire, les projections sont réalisées sur la base d'un certain nombre des hypothèses sur l'évolution de la situation macroéconomique de l'ensemble de l'Union, résumé dans le tableau ci-après, sur la période de 2010-2027.

Tableau 13. Hypothèse des différents scénarios

	Scénario Pessimiste	Scénario de Référence	Scénario Optimiste
Taux de croissance du PIB nominal	5,6%	6,4%	9,1%
Recettes budgétaires (hors dons)	16,81%	17,8%	19,0%
Dépenses courantes	15,4%	14,9%	14,8%
Intérêts (extérieurs + intérieurs)	0,9%	0,9%	0,9%
Dépenses d'équipement	7,6%	8,0%	9,5%
Autres flux budgétaires hors dette (nets)	-0,7%	-0,7%	-0,2%
Dons budgétaires	3,88%	3,2%	3,2%
Financements extérieurs nets	2,3%	2,3%	2,3%
Financements intérieurs nets en % du PIB	1,5%	1,1%	0,8%

Source : Auteur sur la base des données de l'UEMOA

---

[57] La détérioration pourra résulter également d'un choc négatif affectant la croissance pendant une période de 2-3 ans, avec récupération des niveaux antérieurs de croissance par la suite.

Le PIB nominal enregistrerait un taux de croissance nominal de 6,4% dans le scénario de référence contre 9,1% et 5,6% sous les scénarios optimiste et pessimiste respectivement, au cours de la période de 2010-2027. En termes réel, PIB connaitrait une progression de 4,0% dans le scénario de référence contre 7,0% et 2,5% dans les cas où la situation s'améliorerait et détériorerait dans l'Union, respectivement.

Sur la base de ces hypothèses, le niveau de besoin de financement intérieur, s'établirait à 1,1% du PIB dans le scénario de référence contre 0,8% et 1,5% du PIB dans les scénarios optimiste et pessimiste, respectivement. Par conséquent, la situation du stock de la dette intérieure en pourcentage du PIB évoluerait comme suit :

- *Scenario de référence* : le stock passerait de 2,8% du PIB en 2008 à 1,9% à partir de 2015, soit de 860,9 milliards de F CFA en 2008 à 916,8 milliards en 2015 et à 1 905,5 milliards en 2027 ;

- *Scenario pessimiste* : le stock passerait de 2,8% du PIB en 2008 à 2,6% à partir de 2015, soit de 860,9 milliards de F CFA en 2008 à 1175,0 milliards en 2015 et à 2 257,6 milliards en 2027 ;

- *Scenario optimiste* : le stock passerait de 2,8% du PIB en 2008 à 0,8% à partir de 2015, soit de 860,9 milliards de F CFA en 2008 à 761,3 milliards en 2015 et à 20 84,6 milliards en 2027

Tableau 14. Equilibre sur le marché des capitaux selon le scénario

	Scénario Pessimiste		Scénario de Référence			Scénario Optimiste	
	2015	2027	2009	2015	2027	2015	2027
Offre de titres	1 175 085	2 257 553	968 188	916 765	1 905 596	761 309	2 084 563
Long terme	653 598	1 255 681	538 519	509 917	1 059 917	423 450	1 159 461
Court terme	521 488	1 001 873	429 669	406 848	845 679	337 859	925 102
Demande de titres	1 791 667	3 435 504	1 684 597	1 904 035	4 031 047	5 268 055	14 671 639
Long terme	1 403 527	2 691 248	1 258 682	1 503 349	3 182 752	2 783 395	7 574 647
Court terme	388 141	744 256	425 915	400 685	848 294	2 484 660	7 096 992
Excédent d'offre (+) ou de demande (-)	-616 582	-1 177 951	-716 409	-987 270	-2 125 451	-4 506 745	-12 587 076
Long terme	-749 929	-1 435 568	-720 163	-993 433	-2 122 835	-2 359 945	-6 415 186
Court terme	133 347	257 617	3 754	6 163	-2 616	-2 146 801	-6 171 890

Source : Auteur sur la base des données de la BCEAO et de l'UEMOA

Il en ressort que dans le scénario optimiste, la demande excédentaire est croissante et tend vers l'infini alors que dans le scénario pessimiste elle est non seulement réduite mais stable.

En effet, dans le scénario optimiste, les besoins de financement des Etats serait moindre alors que le secteur financier disposerait de ressources abondantes pour appliquer. Dans le scénario pessimiste, l'excédent de la demande est réduit dans la mesure où les besoins (offre) de financement intérieur des Etats seront plus importants dans un contexte d'exigüité des ressources dans le secteur financier. La prudence du comportement des banques face aux difficultés budgétaires des Etats contribuerait à réduire leurs demande par les titres des Trésors au minimum nécessaire.

CHAPITRE VI

IMPACT DU MARCHE DES CAPITAUX DE L'UEMOA SUR LE FINANCEMENT DES ETATS MEMBRES

Comme annoncé dans l'introduction, l'objectif est d'évaluer l'impact de la mobilisation des ressources auprès du marché des capitaux de l'UEMOA pour la satisfaction des besoins de financement des Etats membres. Il s'agit de savoir si les émissions des bons de Trésor sur le marché des titres publics de l'UEMOA ont contribué à la diminution des arriérés de paiements et si les émissions des obligations de Trésor sur le marché financier régional ont permis d'augmenter les dépenses de l'investissement public.

6.1. EMISSION DES BONS DE TRESOR ET ACCUMULATION DES ARRIERES DE PAIEMENTS

Les ressources financières mobilisées dans le cadre des émissions des bons de Trésor sont destinées au financement des dépenses courantes. Dans ce contexte, elles participent de façon effective à une meilleure gestion de la trésorerie des Etats, permettant notamment la non-accumulation des arriérés de paiement ou la réduction du son niveau.

L'analyse des données disponibles montre qu'en moyenne, 32,7% des besoins de financement a été effectivement satisfait par le recours aux émissions de bons de Trésor. De même, les ressources issues de ces émissions ont permis de réaliser, en moyenne sur la période, 5,1% des dépenses courantes. En effet, depuis 2001, la part des bons de Trésor dans le financement des dépenses publiques a connu des importantes progressions, passant de 2,0% des dépenses courantes en 2001 à 7,9% en 2008. En outre, les ressources mobilisées à travers les émissions des bons de Trésor ont passé de 21,7% des besoins de financement effectivement exprimés en 2001 à 43,0% en 2008 après 51,3% en 2007. Ces évolutions sont retracées dans le tableau ci-après :

Tableau 15. Poids des émissions des bons de Trésor sur les indicateurs budgétaires

	2001	2002	2003	2004	2005	2006	2007	2008	Moyenne
Emission des bons du Trésor	54,9	51,9	85,4	123,5	270,5	198,0	330,6	298,9	176,7
Variation des arriérés de paiements	213,6	-341,8	603,1	554,5	347,5	322,1	81,0	-447,7	166,5
Dépenses courantes	2 692,1	2 867,8	3 021,7	3 168,9	3 390,9	3 795,5	4 191,1	4 588,7	3 464,6
Besoin de financement	252,6	440,3	440,3	549,4	553,9	744,2	644,6	695,3	540,1
Bons du Trésor/dépenses courantes	2,0%	1,8%	2,8%	3,9%	8,0%	5,2%	7,9%	6,5%	5,1%
Bons du Trésor/besoin de financement	21,7%	11,8%	19,4%	22,5%	48,8%	26,6%	51,3%	43,0%	32,7%

Source : Auteur sur la base des données de l'UEMOA

Le graphique ci-après présente les évolutions des ratios bons trésor par rapport au dépenses courantes et au besoin de financement au cours de la période de 2001 à 2008. Il montre effectivement que les bons de Trésor ont joué un rôle important dans la satisfaisons des besoins de financement, particulièrement en 2005 et 2007, années au cours desquelles les ressources mobilisées ont permis de combler respectivement 48,8% et 51,3% des besoins de financement effectifs de l'Union.

Graphique 14. Evolution des ressources provenant des émissions de bons de Trésor en termes des dépenses courantes et de besoins de financement

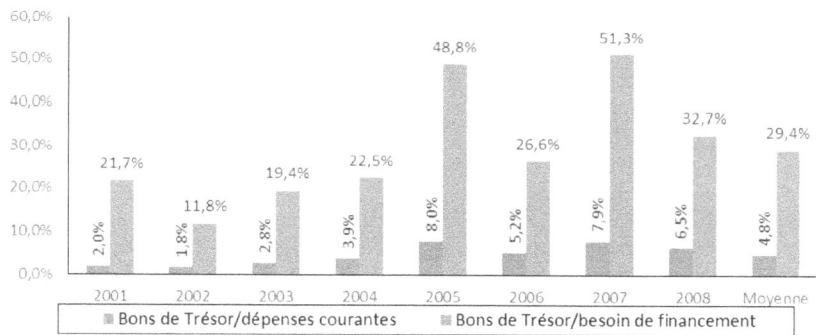

Même si les ressources n'arrivent pas à financer totalement ou empêcher l'accumulation des arriérés, elles contribuent à la réduction de son niveau.

6.2. EMISSION DES OBLIGATIONS DE TRESOR ET DEPENSES DE L'INVESTISSEMENT PUBLIC

Les ressources en provenance des émissions des obligations du Trésor devraient servir au financement des dépenses d'investissements[58]. L'analyse des données disponibles suggère que la mobilisation des ressources sur le marché financier régional a permis d'accroître les investissements publics dans les Etats de l'UEMOA, financées sur les ressources intérieures au cours de la période de 2001 à 2008. Toutefois, les données ne permettent pas d'établir un lien de causalité entre les émissions des obligations du Trésor et

---

[58] Cependant, seul le Sénégal a indiqué que les ressources financières mobilisées dans le cadre l'émission des obligations de Trésor sont destinées au financement de projet.

l'investissement. Néanmoins, elles indiquent qu'en moyenne, les émissions des obligations de Trésor ont représenté 25% des dépenses d'investissements financés sur les ressources intérieures réalisées au cours de la période de référence, conformément au tableau ci-dessous.

Tableau 16. Poids des émissions d'obligations de Trésor sur les indicateurs

	2001	2002	2003	2004	2005	2006	2007	2008	Moyenne
Obligations du Trésor	-	64	81	9	167	84	325	212	134,8
Depenses en capita sur financement intérieure	397,7	520,6	548,0	668,3	799,8	932,0	1 074,5	1 121,0	757,7
Besoin de financement	252,6	440,3	440,3	549,4	553,9	744,2	644,6	695,3	540,1
Obligations du Trésor/dépenses en capital sous financ. Interieur	-	12,3%	14,9%	1,3%	20,9%	9,0%	30,2%	19,0%	25,0%
Obligations du Trésor/besoin de financement	-	14,5%	18,5%	1,6%	30,2%	11,3%	50,4%	30,6%	25,0%

Source : Auteur sur la base des données de l'UEMOA

Pour sa part, le graphique ci-après, montre les émissions des obligations du Trésor et les dépenses en capital sous financement intérieur qui évoluent globalement dans le même sens, sauf pour certaines périodes (2004, 2006 et 2008).

Graphique 15. Evolution des émissions d'obligations et des dépenses en capital sous financement intérieur (en millions de F CFA)

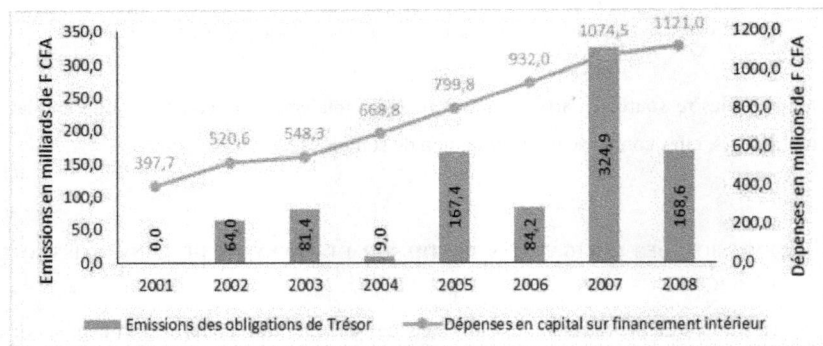

Source : Auteur sur la base des données de l'UEMOA

Le graphique ci-après, retrace l'évolution des ressources provenant des émissions des obligations de Trésor en termes de l'investissement public financé sur les ressources intérieures (axe gauche) et du besoin de financement (axe droit). Bien qu'erratique, l'évolution des deux indicateurs montre que les ressources provenant des émissions des

obligations de Trésor ont une importance non négligeable dans le financement public des
Etats membres.

**Graphique 16. Evolution des ressources provenant des émissions des obligations de
Trésor**

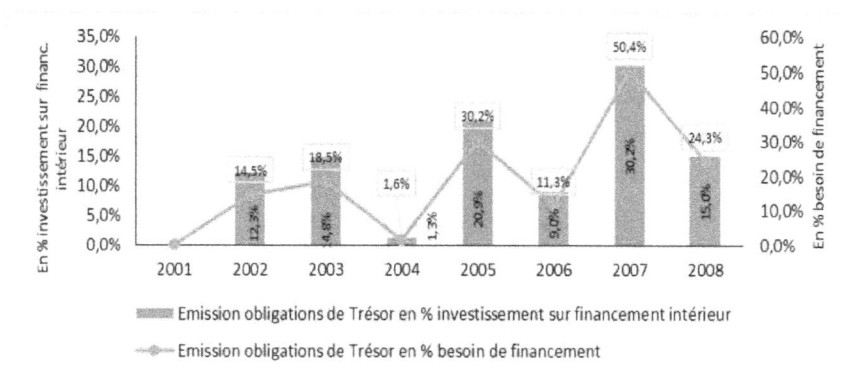

Emission obligations de Trésor en % investissement sur financement intérieur

Emission obligations de Trésor en % besoin de financement

CONCLUSIONS

Dans ce livre, la problématique du financement direct des économies a été examinée à travers l'analyse du marché des capitaux de l'UEMOA. Plus spécifiquement, il a été question d'examiner la mesure dans laquelle la mobilisation des ressources sur le marché financier régional a permis d'accroître les investissements publics dans les Etats membres de l'UEMOA. De même, le livre a analysé dans quelle mesure les ressources provenant du marché des titres publics de l'UEMOA participe de façon effective à une meilleure gestion de la trésorerie des Etats, à travers notamment la non-accumulation des arriérés de paiements.

A cet égard, le cadre théorique relatif au rôle des marchés des capitaux dans le financement des économies a été passé en revue, notamment les théories sur le développement financier et croissance économique, les déterminants du développement financier, les indicateurs du développement financier et le rôle des marchés des capitaux dans la gestion de la dette publique.

En outre, l'organisation institutionnelle du marché des capitaux de l'UMOA a été brièvement présentée, en mettant en évidence, dans un premier temps, la genèse et l'évolution de ce marché, avant de faire ressortir les principales caractéristiques de chacun de ses segments. Il s'agit du marché des titres publics de l'UMOA et du marché financier régional où sont émis respectivement les bons et obligations du Trésor.

Ensuite, une analyse microéconomique des marchés des bons et obligations du Trésor a été menée mettant en exergue l'offre, la demande et l'équilibre dans chacun des deux segments du marché des capitaux. Le rôle des taux d'intérêt et des réserves excédentaires des banques dans l'établissement des équilibres a été mis en exergue. Les analyses réalisées ont permis de conclure que la progression enregistrée au niveau des soumissions aux adjudications des bons et obligations du Trésor a été stimulée notamment par l'excédent de liquidités bancaires, qui a contribué à la persistance de la demande excédentaire au niveau des deux segments du marché des capitaux de l'Union.

Finalement le livre a procédé à l'analyse macroéconomique de la problématique de la dette publique, en utilisant le cadre analytique élaboré par *Debt Relief International* (DRI). Les résultats obtenus vont dans le même sens que ceux obtenus dans le cadre de l'analyse microéconomique à savoir l'excès de la demande des titres par le système financier. Ainsi, l'analyse a montré l'existence des ressources pour le financement des besoins de trésorerie et des investissements publics. Elle a révélé cependant, une préférence du secteur financier pour les titres à long terme tandis que la plupart de l'offre des titres par les Etats est à court terme.

Même si les ressources mobilisées dans les deux segments de marché des capitaux sont relativement faibles au regard des importants besoins de financements, elles ont participé effectivement à la réduction des besoins des financements publics et de l'excès de liquidité au sein du système bancaire. De ce fait, ces interventions ont contribué à la création des conditions propices à la mise en œuvre de la politique monétaire conduite par la BCEAO. En effet, la réduction de la surliquidité a permis d'amener les banques en « Banque » ce qui rend plus effective les actions et décisions de la politique monétaire, même si certaines rigidités structurelles au niveau du secteur bancaire ne permettent pas encore la répercussion immédiate des variation des taux directeurs de la Banque Centrale sur les taux créditeurs appliqués par les banques primaires à leurs clients.

Toutefois, il est nécessaire renforcer la coordination des émissions des titres par les Trésors publics, d'attirer plus d'investisseurs sur le marché des capitaux et de mettre en place le système de Spécialistes en Valeurs du Trésor (SVT) pour assurer la liquidité des titres sur le marché secondaire, en vue de minimiser les effets d'éventuelle éviction sur le financement du secteur privé.

Enfin la promotion des Sociétés d'Investissement à Capital Variable (SICAV)[59], de la culture boursière dans la zone UEMOA et de la professionnalisation des acteurs sont de nature à donner plus de dynamisme au marché des capitaux de cette Union.

---

[59] L'existence d'un nombre suffisant des SICAV permettrait de recueillir les petites épargnes pour les placer.

BIBLIOGRAPHIE

Abbas, S. M. Ali et Christensen, Jakob E (2007), "The Role of Domestic Debt Markets in Economic Growth: An Empirical Investigation for Low-income Countries and Emerging Markets", *WP/07/127*, www.imf.org.

Aimable, B ; Chatelain (1995), « Systéme financier et croissance, l'effet du « court termisme » », *Revue Economique*, Vol. 46 n°3, mai 1995, p 827-836. (http://halshs.archives-ouvertes.fr/docs/00/11/86/38/PDF/JB3-1995-Reco.pdf)

Alison, Johnson (2001), « Questions clés pour analyser la viabilité de la dette intérieure », *Debt Relief International publication N°15*, Londres, Royaume Uni.

Amadou N. R. Sy (2006), "Financial Integration in the West African Economic and Monetary Union", *WP/06/214*, www.imf.org.

Amadou N. R. Sy (2007), "Local Currency Debt Markets in the West African Economic and Monetary, Union", *Workink paper, WP/07/256*, www.imf.org.

AMENOUNVE, Edoh K (2008), « Le MarchéObligataire de l'UEMOA: évolution et perspectives » *Atelier regional sur les marches obligataires et les titres publics, Livreville, 18 fevrier 2008.*

Andrianaivo, M et Yartey, C. (2009), "Understanding the Growth of African Financial Markets, *IMF Working Paper, WP/09/182, IMF*

Aqdim,R. G. Dionne et Harchaouni, T. (2002), « Les déterminants de comportement des banques canadienne en matière de titrisation, *Cahier de Recherche 02-04*, novembre 2002.

Artus, Patrick (1998), « Risque de répudiation de la dette publique. Multiplicité d'équilibres, effets sur les taux d'intérêt et l'accumulation de capital», *Revue économique,* Volume 49 Numéro 4 pp. 1005-1021, disponible en www.persee.fr.

Assidon, Elsa (1996), « L'approfondissement financier » : épargne et crédit bancaires », *Tiers-Monde* Volume 37 Numéro 145 pp. 153-171, disponible en www.persee.fr.

Banif (2001) "A Importância do Mercado de Capitais no Financiamento das Empresas : A Experiência dos Emitentes da Região Autónoma da Madeira Cotados em Bolsa", http://www.cmvm.pt/NR/rdonlyres/E42941D2-57A8-47F5-AFF4-23BE7F5B83BC/654/HoracioRoque.pdf.

Banque de France (2006) « L'essor des marchés de la dette publique en Afrique sub-saharienne : le cas de l'UEMOA », *Rapport de la Zone franc 2006.* www.bfrance.fr.

Barros, Pedro P (1990), "A procura de activos em Portugal: uma aplicação ao sector das famílias (1977-1985), *workink Paper N° 151*, Faculdade de Economia da Universidade nova de Lisboa, http://portal.fe.unl.pt/FEUNL/bibliotecas/BAN/WPFEUNL/WP1990/wp151.pdf.

Berthier, Catherine; Lecler Olivier (1993), « Comptes d'entreprises et comptes nationaux: un rapprochement des diagnostics Financiers », *Economie et statistique*, Volume 268, Numéro 1p. 115 – 129, disponible en www.persee.fr.

Biais, Bruno; Fany Declerc; James Dow; Richard Portes; and Ernst- Ludwig von Thadden (2006). "European Corporate Bond Markets: transparency, liquidity, efficiency", *CEPR,* London, UK. http://www.cepr.org/PRESS/TT_CorporateFULL.pdf.

Brochier, Hubert (1956), « Etude statistique du comportement des entreprises vis-à-vis du marché financier », Revue économique, Volume 7 Numéro 4 pp. 513-551, disponible en www.persee.fr.

Brou, Jean-Claude (2008), « Étude de cas : le marché des bons du trésor dans l'UEMOA », *Avancer la finance africaine au XXIe siècle*, Séminaire de haut niveau organisé par l'Institut du FMI en collaboration avec l'Institut multilatéral d'Afrique Tunis, du 4 au 5 mars 2008, www.imf.org

BRVM (2009), Bourse Régional des Valeurs Mobilières Afrique de l'Ouest, Rapport sur l'année boursière 2006-2007, Abidjan 2009.

Burger, John D.; and Francis E. Warnock (2006). "Local Currency Bond Markets" *IMF Staff Papers 53:* 115-132. http://www.imf.org/External/Pubs/FT/staffp/2006/03/pdf/burger.pdf.

Burger, John; Francis E. Warnock; and Veronica Cacdac Warnock (2009). "Global Financial Stability and Local Currency Bond Markets". working paper. http://faculty.darden.virginia.edu/warnockf/BWW_2009.pdf.

Cabrillac, B. ; Diffo Nigtiopop, G. et Rocher, E. (2008), « Développement des marchés de titres de la dette dans les pays de la Zone franc », *Réunion des Ministres de l'Economie et des Finances de la Zone franc,* Paris, le 3 avril 2008.

CADTM (2008), « La dette interne des pays en développement : une bombe à retardement pour les peuples du Tiers monde », http://www.cadtm.org.

Chatelain, Jean-Bernard ; Amable, Bruno (1995), « Systèmes financiers et croissance : les effets du "court-termisme" », *Revue économique* , Volume 46 Numéro 3 pp. 827-836, disponible en www.persee.fr.

Chatterji, Subhrendu (2003), Analyse du développement du secteur financier pour la formulation de la stratégie de la dette intérieure, *Debt Relief International,* Londres

Chatterji, Subhrendu (2003), Analyse du développement du secteur financier pour la formulation de la stratégie de la dette intérieure, *Debt Relief International,* Londres

Chauveau, Thierry (1975), « La demande d'obligations émanant des ménages, Revue économique, Volume 26, Numéro 5 p. 806 – 833, disponible en www.persee.fr.

Christensen, Jakob (2004) "Domestic Debt Markets in Sub-Saharan Africa" WP/04/46, www.imf.org.

Christensen, Jakob, Gulde, Anne-Marie et Pattillo, Catherine (2006), « La mise en place de systèmes financiers se heurte à de nombreux obstacles en Afrique » *Finances & Développement Décembre 2006,* www.imf.org.

Commission Bancaire (2007), Rapport annuel 2006, www.crepmf.org.

Commission Bancaire (2008), Rapport annuel 2007, www.crepmf.org.

Committee on the Global (2007), Financial stability and local currency bond markets", CGFS Papers No 28, http://www.bis.org/publ/cgfs28.pdf.

Costa, Achyles Barcelos da, (2006) "O desenvolvimento econômico na visão de Joseph Schumpeter" *cadernosIHUidéias, ano 4 - n° 47 - 2006 - 1679-0316*

CREPMF (2005a), Circulaire N°004-2005 relative à la procédure d'émission des emprunts d'Etat sur le marché financier Régional de l'UMOA, www.crepmf.org

CREPMF (2005b), Circulaire N°007-2005 relative à la procédure de conduite des opérations d'appel public à l'épargne sur le marché financier regional, www.crepmf.org

CREPMF (2007), Rapport annuel 2006, www.crepmf.org.

CREPMF (2008), « Expériences des Etats membres de l'UMOA en matière d'interventions sur le Marché Régional des titres publics et impact du MFR sur les économies de l'Union, texte de conférence à Bamako, le 9 septembre 2009.

CREPMF (2008), Rapport annuel 2007, www.crepmf.org.

Dafflon, Berenard R.(1976) – « L'analyse macroéconomique de la dette publique », *Revue économique*, Volume 27 Numéro 5 pp. 941-942, disponible en www.persee.fr.

Delorme, Armelle (2002), « Stabilité des systèmes bancaires des marchés émergents : une proposition de régulation prudentielle différenciée », *Proposition de communication aux 19èmes Journées Internationales d'Economie Monétaire et Bancaire*, Lyon, 6 et 7 juin 2002.

Diffo Nigtiopop, Georges (2002), « Gestion de la dette publique intérieure par le marché financier et nouveaux défis pour les pays africains de la zone franc », *Pôle-dette* N° 03 juin, pp 26-45, Yaoundé, Cameroun.

DRI (2007), « Module 11 - Analyse budgétaire et monétaire de la dette intérieure », *Programme d'enseignement à distance du PRC PPTE, Debt Relief International*, Londres

Fall Gueye, Coumba (2002), « Le rachat de la dette commerciale : l'expérience sénégalaise », *Pôle-dette* N° 04 septembre pp : 31-40, Yaoundé, Cameroun.

Flamant, Christian (1989) « La titrisation de la dette sous forme de bons à durée variable », *Tiers-Monde*, Volume 30 Numéro 120 pp. 847-867, disponible en www.persee.fr.

FMI et Banque Mondiale (2001), Directives pour la gestion de la dette publique, www.imf.org.

Gilles, Philippe (1992), « Incertitude, risque et asymétrie d'information sur les marchés financiers *Revue française d'économie*, Volume 7, Numéro 2 p. 53 – 115, disponible en www.persee.fr.

Gnamien Koukoura, Edmond (2005), « Réflexions sur le développement actuel des marchés des titres publics à souscription livre dans la Zone franc, *Pôle-dette N° 15* juin, pp 33-58 Yaoundé, Cameroun.

Gonçalves, Paulo Eduardo et Sheng, Hsia Hua (2007), "A precificação do *spread* de liquidez no mercado secundário de debêntures, http://virtualbib.fgv.br/dspace/bitstream/handle/10438/1674/85.pdf?sequence=1.

Guérineau, Samuel et Guillaumont, Sylviane Jeanneney (2007) "Le temps retrouvé de l'endettement interne pour les pays en voie de développement ? L'exemple de l'Union économique et monétaire ouest africaine (UEMOA), *working paper n° 200703*, http://ideas.repec.org/s/cdi/wpaper.html.

Guillard, Michel (1992), « Diversification incomplète et rationnements financiers, *Revue économique*, Volume 43, Numéro 2 p. 327 – 362, disponible en www.persee.fr.

Hugon, Philippe ; Gentil, Dominique (1996), « Au-delà du dualisme financier », Tiers-Monde, Volume 37 Numéro 145 pp. 7-11, disponible en www.persee.fr.

Janet, A.O. (2008) "Can Regional Cross-listings Accelerate Stock Market Development? Empirical Evidence from Sub-Saharan Africa », *WP/08/281*, www.imf.org.

Joseph, Anne ; Raffinot, Marc et Venet, Baptiste (1998), « Approfondissement financier et croissance : analyses empiriques en Afrique sub-saharienne » www.dauphine.fr/eurisco/eur_wp/FINAFRIC.pdf.

Kaboré, Lassana (2005), « Emission des valeurs d'Etat: principes et contexte », *Pôle-dette N° 14* mars, p. 20-32, Yaoundé, Cameroun.

King, DCP (2004), « Analyse du marché obligataire et du contexte réglementaire d'un échantillon de pays de la CEDEAO : proposition de création d'un système de notation dans la sous-région www.globalratings.net/attachment_view.php?pa_id=131.

Klaus A.; Jappelli, T.; Menichini, A.; Padula M.; Pagano, M. ; (2002) "Analyze, Compare, and Apply Alternative Indicators and Monitoring Methodologies to Measure the Evolution of Capital Market Integration in the European Union," CSEF, http://ec.europa.eu/internal_market/economic-reports/docs/020128_cap_mark_int_en.pdf.

Korem, Ayira ( ) « Approfondissement financier et croissance économique au Togo » Université de Ouagadougou, www.memoireonline.com/.../m_developpement-financier-et-croissance-economique-au-togo0.html.

Kpodar, K. and Gbenyo, K. (2009) "Short- Versus Long-Term Credit and Economic Performance: Evidence from the WAEMU", *Conférence économique africaine 2009, 11-13 novembre, Addis Abeba, Ethiopie »*.

Levine, R. et Zervos S. (1998), "Capital Control Liberalization and Stock Market Development," *World Development, vol. 26(7), pages 1169-1183, juillet.*

Levine, Ross. (1996), Financial Development and Economic Growth :View and Agenda, *Banque Mondiale, Working paper n°1678, Washington.*

Matthew, M. (1999), Meilleures pratique pour l'établissement des prévisions macroéconomiques, *Debt Relief International,* Londres

Merhan, Hassanali (1998) « Développement du secteur financier dans les pays africains au sud du Sahara », *étude spéciale 169*, www.imf.org.

Naegelen, Florence (1995), « Le placement des obligations du trésor : l'Etat doit-il discriminer ?, *Revue française d'économie,* Volume 10 Numéro 10-3 pp. 45-79, disponible en www.persee.fr.

Ndir Ngom, Aida (2001), « Les banques commerciales sénégalaises peuvent-elles répondre efficacement aux besoins de financement d'une économie en développement ? », Université René Descartes, Paris 5. Faculté de Droit. France.

Olatundun Janet Adelegan (2008), "Can Regional Cross-Listings Accelerate Stock Market Development? Empirical Evidence from Sub-Saharan Africa", WP/08/281, www.imf.org.

Patrick, H.T. (1966), "Financial Development and Economic Growth in Underdeveloped Countries." *Economic Development and Cultural Change* 14, 174--89.

Préget, R. et Waelbroeck, P. (2002), « Etude empirique de la demande dans les enchères de bons du Trésor », *Revue économique, Année 2002, Volume 53, Numéro 3* p. 403 – 414.

Préget, Raphaële (2004), « Adjudications des valeurs du Trésor », Revue française d'économie, Volume 18 Numéro 18-4 pp. 63-110, disponible en www.persee.fr.

Rosa, Jean-Jacques (1976), « Rentabilité, risque et équilibre à la Bourse de Paris », *Revue économique*, Volume 27 Numéro 4 pp. 608-662, disponible en www.persee.fr.

Sant'Anna, André Albuquerque (2008), "Mercado de capitais: evolução recente e financiamento das empresas brasileiras no período 2004-2006", *XI Jornadas de Economía Crítica*. http://www.ucm.es/info/ec/ecocri/cas/albuquerque_sant_anna.pdf.

Santos Paiva, Eduardo (2006), Factores determinantes na emissão primária de debêntures no Brasil:uma análise exploratória, Faculdade de economia da Administração e Contabilidade da Universidade de São Paulo, Brasil http://www.premioanbid.com.br/download/premio2005/Eduardo_Vieira_dos_Santos%20P aiva_2005.pdf.

Szpiro, Daniel (1995), « La diffusion des produits financiers auprès des ménages en France, *Économie et Statistique*, Volume 281, Numéro 1 p. 41 – 68, disponible en www.persee.fr.

Tiano, André (1958), « Le rôle du Trésor public sur le marché monétaire », *Revue économique*, Volume 9 Numéro 5 pp. 815-842, disponible en www.persee.fr.

Union Africaine (2008), « Rapport de l'étude de faisabilité sur la création de la bourse africaine des valeurs, www.africa-union.org/.../stock%20exchange%20study%20french.doc.

Varoudakis Aristomène ; Berthélemy Jean-Claude (1998), « Développement financier, réformes financières et croissance : une approche en données de panel *Revue économique*, Volume 49 Numéro 1 pp. 195-206, disponible en www.persee.fr.

Venet, Baptiste (2004), « Les approches théoriques de la libéralisation financière ».

Waelbroeck, Patrick ; Préget, Raphaële (2002), « Etude empirique de la demande dans les enchères de bons du Trésor, *Revue économique*, Volume 53 Numéro 3 pp. 403-414, disponible en www.persee.fr.

World Bank (2007), "Developing the Domestic Government Debt Market : From Diagnostics to Reform Implementation", www.worldbank.org.

Yartey, Charles Amo | Adjasi, Charles Komla (2007), Stock Market Development in Sub-Saharan Africa: Critical Issues and Challenges, *WP/07/209*, www.imf.org.

Yartey, Charles Amo et Adjasi, Charles Komla (2007), "Stock Market Development in Sub-Saharan Africa: Critical Issues and Challenges", *WP/07/209* www.imf.org.

Zone Franc (2007), *Rapport du groupe de travail de la Zone franc sur le développement des marchés de titre de dette 2007.*

Site internet :

www.bceao.int

www.crepmf.org

www.brvm.org

www.uemoa.int

www.dri.org.uk

www.afdb.org

www.ingramcontent.com/pod-product-compliance
Lightning Source LLC
Chambersburg PA
CBHW021605210326
41599CB00010B/614